Comprendre et pratiquer la bourse

Emmanuel ZAMBLE-BI B.

COMPRENDRE ET PRATIQUER LA BOURSE

Préface de Stefan NALLETAMBY

L'Harmattan

Déjà paru:
LA BOURSE DES VALEURS: comment s'initier ? NEI, 2000.

5-7, rue de l'École-Polytechnique ; 75005 Paris
http://www.editions-harmattan.fr
ISBN : 978-2-343-11492-7
EAN : 9782343114927

A

mon père Etienne BOUE-BI, ma mère Jeanne BOUE-BI,

mon épouse Viviane ZAMBLE-BI,

mes enfants Salomon, David, Esther, Jean-Marc et Nathan.

REMERCIEMENTS

A vous mes amis et connaissances qui avez contribué à la réalisation de cet ouvrage, je vous en suis infiniment reconnaissant.

AVANT-PROPOS

La bourse des valeurs est un maillon essentiel de la chaîne du système financier et partant, d'une économie moderne.

En effet, elle permet aux entreprises privées et publiques, aux collectivités et à l'État de se procurer des capitaux en faisant appel aux épargnants pour financer leurs investissements (équipements, usines, machines, routes, écoles…).

S'agissant de l'épargnant qui opère en bourse, ses richesses sont accrues grâce, entre autres, aux bénéfices que l'entreprise distribue sous forme de dividendes, aux intérêts que lui verse régulièrement l'émetteur d'obligations et aux plus-values qu'il réalise sur la vente de son titre boursier.

Et pourtant à cause de la non-maîtrise de ses mécanismes de fonctionnement souvent due à la complexité apparente des opérations qui y sont effectuées, la bourse est perçue par un bon nombre d'opérateurs économiques comme une "affaire de spécialistes et surtout de riches".

Ce livre qui allie théories et pratiques est destiné à tous ceux qui s'intéressent à la bourse; qu'ils soient étudiants, journalistes, investisseurs, émetteurs de titres ou professionnels. Il a pour ambition de contribuer à une meilleure compréhension des activités et pratiques boursières de sorte à faire de l'opérateur économique un intervenant averti. Ainsi les thèmes abordés et les concepts utilisés en milieu boursier, ont été définis et expliqués dans des termes plus accessibles. Ils ont été en outre, illustrés par des exemples pratiques et exercices corrigés inspirés d'expériences acquises dans des bourses émergentes.

Emmanuel ZAMBLE-BI B.

« Lorsque le marché est à la hausse et que l'on se rue sur les actions ordinaires, prenez toutes vos actions et vendez-les. Placez tout l'argent à la banque… Lorsque la situation devient assez mauvaise pour obliger les politiciens à s'en mêler, prenez tout votre argent de la banque et rachetez les actions… Poursuivez de cette façon votre vie durant et vous aurez la satisfaction de mourir riche. »

Fred Schwed Jr.

PRÉFACE

Les marchés financiers sont essentiels tant pour soutenir la croissance économique que pour un développement équitable, inclusif et durable. Ils peuvent aider à améliorer la transparence dans les échanges, à financer la chaîne des produits de base, à protéger et à gérer les risques, ainsi qu'à fournir les ressources financières dont a besoin le secteur privé pour participer au développement des infrastructures en Afrique.

Toutefois, force est de constater que sur ledit continent, leur développement n'est pas uniforme. La plupart des marchés boursiers dans les pays africains sont de petite taille et disposent d'une faible capitalisation. En 2013, la somme des capitalisations des dix premières bourses de valeurs africaines était estimée à 592 milliards d'USD dont 56% pour l'Afrique du Sud. Dans ce contexte, les marchés obligataires africains par exemple, restent dominés par les émissions souveraines avec des échéances courtes. Tout comme le marché des actions, ils se caractérisent par une faible profondeur, une base d'investisseurs non diversifiée, des marchés secondaires limités et peu liquides. L'Afrique du Sud représente 99% de la valeur totale des obligations souveraines échangées en 2012 et 2013. En ce qui concerne la Bourse Régionale des Valeurs Mobilières (BRVM), le volume des titres obligataires échangés est passé de 48 millions de dollars en 2010 à 38 millions en 2013, avec une réduction des titres publics émis et une hausse des émissions d'entreprises qui ont été triplées entre 2010 et 2013.

Il faut que les marchés financiers africains se développent de manière constructive pour pouvoir jouer un rôle efficace de médiation des flux de capitaux. Il est important que les États notamment, comprennent leurs responsabilités. Certes des progrès ont été accomplis ces dernières années, mais beaucoup restent encore à faire. Pour être efficace, une bourse doit fonctionner avec des systèmes et des procédures efficaces, pas trop onéreux dans le cas des titres de dette ; car ces derniers ne font pas toujours l'objet de négociations actives en bourse. Leur cotation est toutefois importante, pour que les investisseurs puissent les y échanger. Le développement des marchés financiers suppose donc la conjugaison de plusieurs facteurs parmi lesquels une réglementation et un cadre institutionnel transparents et efficaces. Il requiert en outre, le développement d'une base d'investisseurs institutionnels grâce aux réformes des retraites et du secteur de l'assurance, une véritable demande d'instruments de dette et de fonds propres de la part du secteur privé ainsi que l'encouragement d'une culture de l'analyse de crédit, y compris de la notation.

Monsieur Emmanuel ZAMBLE-BI B. a choisi de jouer les premiers rôles en rédigeant le présent ouvrage, très pratique, dont le but est de promouvoir la connaissance des produits financiers et la microstructure des marchés financiers. Cet ouvrage s'appuie sur les expériences de l'auteur ainsi que sur des leçons et pratiques optimales glanées à travers le monde. Il est d'un apport précieux dans la diffusion des connaissances fondamentales sur le fonctionnement des marchés boursiers. Il contribuera à épauler le développement des marchés financiers africains et rendre des notions complexes sur les instruments financiers, accessibles aux lecteurs de cet ouvrage.

Je suis convaincu que ce livre va aider les professionnels, les investisseurs privés et d'autres intervenants à approfondir leur compréhension des avantages pouvant découler du développement des marchés financiers en Afrique et plus particulièrement dans la vulgarisation des connaissances de base dans l'espace francophone.

Stefan NALLETAMBY
Directeur du Département Développement du Secteur Financier
Banque Africaine de Développement

CHAPITRE INTRODUCTIF

I. DÉFINITIONS

La Bourse des Valeurs est un **marché public** sur lequel se négocient des **valeurs mobilières**. Comme tout marché, les transactions s'y opèrent selon la loi de l'offre et de la demande. C'est une composante d'un ensemble plus vaste, le marché financier. Celui-ci se structure en deux types de marchés : le **marché primaire** et le **marché secondaire.**

Le marché primaire est le marché des nouvelles émissions de titres qui donnent accès aux capitaux longs. C'est un marché sur lequel les **agents économiques à besoin de financement** émettent auprès du public entre autres, des actions et des obligations dont les **agents à capacité de financement** se portent acquéreurs. On parle aussi, de marché du neuf. Les opérations qui s'y réalisent sont en général les émissions d'**emprunts obligataires** et les opérations de constitution de **capital social** ainsi que celles d'augmentation de capital en numéraire des sociétés. Cependant, on peut traiter aussi sur ce marché les titres qui existent déjà dans le circuit économique, mais non encore introduits en bourse et qui font l'objet d'opération de privatisation.

Le marché secondaire est le marché boursier au sens strict. Il enregistre les transactions sur les titres cotés. Autrement dit, c'est le lieu - physique ou non - de rencontre entre l'offre et la demande des valeurs mobilières préalablement émises et souscrites sur le marché primaire. C'est pourquoi il est aussi appelé marché d'occasion.

Au sein du marché des capitaux qui englobe le marché financier et le marché monétaire, le marché boursier se situe comme suit :

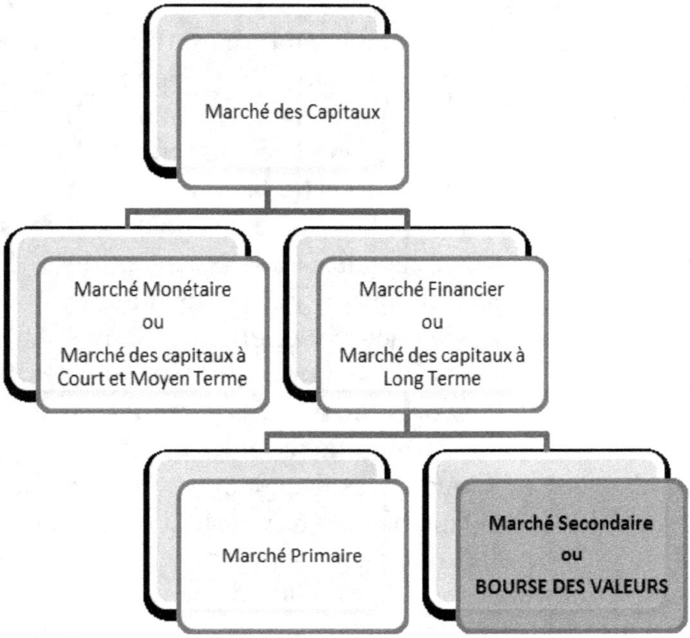

II. SPÉCIFICITÉ DE LA BOURSE DES VALEURS

La bourse des valeurs, à la différence d'autres marchés, a la particularité d'être un marché **organisé** et **spécialisé**.

On le qualifie d'organisé, car son fonctionnement est régi par des textes réglementaires. Ainsi, seuls les intermédiaires officiels et spécialisés sont admis à effectuer des négociations en bourse. Ceux-ci, traditionnellement dénommés **agents de change,** ont pour rôle de recueillir les ordres d'achat et de vente de leurs clients en vue de leur négociation sur le marché boursier pour le compte de ces donneurs d'ordre.

Il est dit spécialisé, puisque les produits qui y sont traités sont essentiellement les valeurs mobilières (actions, obligations, certificats d'investissements, titres participatifs, droits d'attribution, droits de souscription…). D'autres valeurs comme l'or, les devises, les bons de trésor, etc. sont également négociées en bourse.

III. STRUCTURE D'UN MARCHÉ BOURSIER

Un marché boursier est généralement structuré en divers compartiments en fonction de la taille des sociétés cotées ou d'autres critères. Les conditions d'accès à ces différents compartiments ainsi que la dénomination desdits marchés varient selon les places financières. Il est courant de constater la classification suivante pour les sociétés cotées en bourse:

- un compartiment abritant les sociétés de grande taille, capables de diffuser dans le public une quantité importante de titres;
- un autre compartiment accueillant les sociétés de taille moyenne, à des conditions plus souples et
- un marché favorable aux sociétés de petite taille, mais en croissance.

EXEMPLES

*** À la Bourse de Tunis**

Est admise au **marché principal**, la société remplissant les conditions suivantes:

- avoir les deux derniers exercices bénéficiaires. Cette condition n'est pas exigée si la société s'introduit par la procédure d'inscription directe suite à une augmentation de capital ;
- répartition des titres de la société détenus par le public[1] entre 200 actionnaires au moins, au plus tard le jour de l'introduction;
- avoir un capital minimum de 3 millions de dinars le jour d'introduction.

Au **marché alternatif**, la société admise doit satisfaire aux critères énoncés ci-après:

- la condition de bénéfices n'est pas exigée;
- répartition des titres de la société détenus par le public entre 100 actionnaires au moins ou 5 actionnaires institutionnels au plus tard le jour de l'introduction;
- la condition de capital minimum n'est pas exigée;
- l'admission peut être également demandée par une société quand son capital est détenu, depuis plus d'un an, à hauteur

---

[1]Par public, on entend les actionnaires détenant individuellement au plus 0,5% du capital et les institutionnels détenant individuellement au plus 5% du capital.

de 20% au moins par deux investisseurs institutionnels, au minimum;

- l'admission peut être également demandée par une société en cours de constitution par appel public à l'épargne (cas de grands projets);
- présentation par un listing sponsor d'une attestation de réalisation de diligences pour l'admission de titres sur le marché alternatif;
- la société doit désigner, durant toute la période de séjour de ses titres au marché alternatif, un listing sponsor. La durée du mandat conférée au listing sponsor ne doit pas être inférieure à 2 ans.

* **À la Bourse Régionale des Valeurs Mobilières de l'UEMOA** (Union Économique et Monétaire Ouest Africaine)

Est admise au **premier compartiment**, la société remplissant les conditions suivantes:

- présenter une capitalisation boursière de plus de 500 000 000 FCFA;
- avoir une marge nette sur chiffre d'affaires sur chacune des trois dernières années de 3%;
- présenter 5 années de comptes certifiés;
- s'engager à signer un contrat d'animation de marché prévoyant une cotation ou une indication de cours toutes les trois séances;
- diffuser dans le public au moins 20% de son capital, dès l'introduction en bourse;
- s'engager à publier au Bulletin Officiel de la Cote des estimations semestrielles de chiffre d'affaires et de tendance de résultats.

Au **second compartiment**, la société admise doit satisfaire aux critères énoncés ci-après:

- présenter une capitalisation boursière de plus de 200 000 000 FCFA;
- présenter 2 années de comptes certifiés;
- s'engager à signer un contrat d'animation de marché prévoyant une cotation ou une indication de cours toutes les cinq séances;
- s'engager à diffuser dans le public au moins 20% de son capital dans un délai de deux ans, ou 15% en cas d'augmentation de capital.

*** À NYSE Euronext Paris**

Le marché règlementé qui a été longtemps compartimenté en plusieurs marchés : Premier marché, Second Marché, Nouveau Marché est désormais unifié. Baptisé EUROLIST, ce marché unique regroupe toutes les valeurs de la cote quelle que soit leur taille. Pour y accéder, les sociétés qui font appel public à l'épargne sont soumises à deux obligations:

- diffuser au minimum 25% du capital dans le public avec dérogation éventuelle en fonction des capitaux placés;
- présenter des comptes audités et certifiés sur les trois dernières années.

Les entreprises n'ont aucune obligation en termes de rentabilité ou de distribution de dividendes.

Les sociétés cotées y sont classées par ordre alphabétique et sont identifiables grâce à un critère de capitalisation:

- **Compartiment A** : valeurs dont la capitalisation boursière est supérieure à 1 milliard d'euros,
- **Compartiment B** : valeurs dont la capitalisation boursière est comprise entre 150 millions d'euros et 1 milliard d'euros,
- **Compartiment C** : valeurs dont la capitalisation boursière est inférieure à 150 millions d'euros.

Sur le marché **Alternext**, les conditions d'une introduction en bourse se présentent comme suit:

- se conformer à un minimum d'engagements en matière de transparence financière (information semestrielle et annuelle, toute information susceptible de modifier le cours de Bourse, etc.);
- disposer d'un “Listing sponsor” et présenter un historique de 2 années de comptes certifiés;
- en outre, afin de protéger les investisseurs, la société candidate doit s'engager à placer un flottant minimum de 2,5 millions d'euros.

Le **Marché Libre** a été créé en 1998 en remplacement du marché « hors cote » qui lui-même avait succédé à l'ancienne « coulisse », marché qui avait été créé en France par les banques pour concurrencer la cote officielle des agents de change. Il se caractérise par son extrême souplesse puisqu'aucune taille minimum n'est requise et qu'une fois cotée, l'entreprise n'a pas d'obligation d'information sauf en cas d'appel public à l'épargne. L'admission à la cote sur le Marché Libre est faite sous la responsabilité d'un intermédiaire et peut provenir de la demande d'un détenteur de titres. Les sociétés qui y sont cotées ont la possibilité de demander leur radiation sans avoir à offrir de racheter leurs actions.

Les transactions boursières peuvent se réaliser au comptant ou à terme. Le **marché au comptant** est celui sur lequel les négociations se dénouent dès qu'elles sont conclues c'est-à-dire que l'acheteur paie et le vendeur cède en contrepartie les titres; ce qui implique que:

- l'acheteur dispose au préalable des fonds nécessaires à l'acquisition des titres;
- le vendeur possède les titres au moment de la passation de son ordre de vente.

Ce type de marché est pratiqué sur la plupart des bourses des valeurs d'Afrique.

Quant au **marché à terme**, encore désigné « marché des produits dérivés », le dénouement s'effectue à une date ultérieure à la conclusion du contrat, **date de liquidation**. Les actifs sous-jacents sont réglés et livrés seulement à cette période. Les opérations peuvent être à terme fermes ou conditionnels. Dans les deux cas, le donneur d'ordre est tenu faire un dépôt de garantie en titres ou en espèces auprès de la chambre de compensation afin de limiter le risque de contrepartie lors du dénouement des transactions.

IV. APERÇU DES CRISES BOURSIÈRES

L'histoire des bourses des valeurs depuis la nuit des temps, a été émaillée par des crises communément appelées « **krach boursier** ». Un krach boursier est un effondrement soudain et important des cours de bourse en une ou plusieurs séances du fait de ventes massives d'actions qui entraînent les cours à la baisse. En général, on parle de Krach boursier, lorsque la baisse accusée en quelques jours excède 20%.

Le krach boursier fait souvent suite à une longue période de hausse régulière des cours des actions, combiné à un sentiment de confiance excessif des investisseurs. Au début, la progression des cours est engendrée par la croissance avérée de l'économie. Cette situation attire un grand nombre d'investisseurs, souvent des particuliers, qui souhaitent profiter de l'embellie des cours. Au nombre de ceux-ci, l'on compte de nombreux investisseurs ayant recours à des effets de levier importants.

En effet, compte tenu de la tendance favorable du marché, ces derniers s'endettent pour acquérir les titres négociés en bourse, ce qui amplifie la flambée des cours. Le marché boursier se trouve donc surévalué créant ainsi un décalage entre le cours des actions et l'économie réelle.

C'est la **bulle spéculative**. La prise de conscience de cette surévaluation par la plupart des investisseurs entraîne l'éclatement de ladite bulle spéculative. Le krach est ainsi déclenché. Dans un tel contexte, les investisseurs pris de panique par le phénomène de baisse généralisée des cours, vendent tous en même temps et à n'importe quel prix leurs titres. Étant donné la corrélation des bourses grâce au progrès technologique et à la mondialisation, la propagation de la crise d'une place financière à une autre est rapide.

Les conséquences économiques et politiques d'un krach boursier peuvent être désastreuses si, à cause de la détérioration de leurs actifs, les entreprises n'arrivent plus à investir et si les banques ne financent plus le système productif.

EXEMPLES

Nous présentons ci-après quelques exemples de krach boursier ayant eu lieu depuis l'existence des bourses des valeurs:

*** Krach de la Tulipe en 1637**

La crise du marché de la Tulipe ou la « Tulipomanie » est le premier krach boursier de l'histoire. Elle est survenue en Hollande en février 1637 à la suite de l'organisation de marchés à terme où s'échangeaient promesses d'achat et de vente de bulbes de tulipe. Ce produit était très prisé et sa valeur très élevée. Soudain, les promesses de livraison des marchés à terme se révélèrent déconnectées des quantités réelles et la crise se déclenche avec de sérieuses répercussions sur l'économie.

*** Krach de 1929**

Le krach de 1929 se déclenche à la Bourse de New York après plusieurs années de hausse soutenue des cours.

En effet de 1921 à 1929, la production industrielle américaine augmente de 50%. Plusieurs millions d'Américains par le biais de fonds d'investissement, les *"trust funds"* achètent d'importants volumes d'actions cotées en bourse. Les cours desdits titres progressent donc de 300% sur la même période. Avec le ralentissement de l'économie réelle, la bulle spéculative éclate. Les investisseurs vendent massivement leurs actions. L'indice Dow Jones perd 13%, le jeudi 24 octobre 1929 ou « jeudi noir ». D'autres fortes baisses ont continué d'être enregistrées au début de la semaine suivante. La crise boursière marquée par une baisse de 90% d'octobre 1929 à la mi-1932, atteint rapidement l'ensemble de l'économie américaine puis l'économie mondiale.

Dans tous les pays industrialisés, de nombreuses banques font faillite, les usines cessent de fonctionner et le taux de chômage s'accroît de façon vertigineuse.

*** Krach de 1987**

Le krach de 1987 est la conséquence d'un certain nombre de faits tels que la surévaluation du dollar américain depuis plusieurs années, la hausse des taux d'intérêt pratiqués par la « Federal Reserve » ou Fed (la banque centrale américaine) et toutes les autres grandes banques centrales, le déficit commercial américain plus fort que prévu et autres. Dans ce contexte, les investisseurs se débarrassent de leurs actions au profit des obligations d'État qui deviennent subitement plus attractives. L'indice Dow Jones perd pour la seule journée du lundi 19 octobre 1987 ou « lundi noir » 22,60% de sa valeur. Contrairement au Krach de 1929, cette crise fut de courte durée.

*** Krach de 2008**

Le krach de 2008 ou « crise des subprimes » est généré par le dégonflement brutal de la bulle de l'immobilier américain auquel des produits financiers toxiques ont été adossés. La crise commence avec la faillite de la Banque d'affaires américaine Lehman Brothers, le lundi 15 septembre 2008. Cette mauvaise nouvelle entraîne l'effondrement de toutes les grandes places financières du monde.

Ainsi pendant la semaine du 6 octobre 2008, la bourse de Paris cède 22%, la bourse de Tokyo chute de 24% et celle de New York perd 21%.

Première partie
INTERVENANTS DU MARCHÉ

Chapitre I
ÉMETTEURS DE TITRES ET INVESTISSEURS

Dans son fonctionnement, la bourse met face à face deux principaux intervenants du marché que sont les **émetteurs de titres** et les **investisseurs**.

Les émetteurs de titres sont des personnes morales qui ont fait appel public à l'épargne et sont inscrites en bourse. Les actions, les obligations et autres titres négociables en bourse qu'ils ont émis à l'occasion de ladite opération, font l'objet de transactions boursières.

Les investisseurs quant à eux, sont des personnes morales et physiques qui achètent et vendent en bourse les titres déjà émis sur le marché primaire.

I. ÉMETTEURS DE TITRES

1. Émetteurs publics

L'État, les Collectivités locales, les Organismes supranationaux et les Entreprises publiques sont des émetteurs publics. Ils ont souvent recours au marché pour le financement des grands travaux (construction de ponts, de routes, etc.) à réaliser ou combler leur déficit budgétaire.

En effet, ils y empruntent des capitaux à long terme en émettant des obligations. C'est le cas de l'emprunt obligataire du Trésor Public émis par l'État de Côte d'Ivoire en 2003 pour une valeur totale de 40 403 320 000 FCFA réparti en 4 040 332 obligations de 10 000 FCFA. Cet emprunt qui est remboursable sur 3 ans, est rémunéré au public prêteur à un taux d'intérêt de 6,50%, l'an.

2. Entreprises privées

Les entreprises privées sont confrontées souvent aux questions relatives à leur pérennité, au renforcement de leur notoriété et au financement de leurs investissements et de leur développement. Elles abordent cette situation en réalisant des opérations capitalistiques telles que les augmentations de capital en numéraire, les fusion-acquisitions, les émissions d'emprunts obligataires et autres. Au cours desdites opérations, elles émettent des titres au profit des investisseurs.

II. INVESTISSEURS

1. Ménages

Les ménages sont des personnes physiques qui opèrent en bourse. Ce sont des agents économiques qui renoncent à consommer la totalité de leurs revenus pour se constituer une épargne qu'ils investissent soit dans le logement, soit dans des affaires personnelles. Il s'agit notamment des salariés, des commerçants et d'autres acteurs du secteur informel. Ces particuliers emploient généralement leur épargne pour l'acquisition des actions et/ou des obligations sur les marchés boursiers. En plaçant ainsi leur argent en bourse, ils se donnent la possibilité d'y **négocier** à tout moment les titres qu'ils ont acquis en contrepartie.

2. Investisseurs institutionnels

Les investisseurs institutionnels sont des personnes morales, véhicules d'épargne et de placement financier. Ils ont pour vocation d'investir les capitaux qui leur sont confiés, sous forme d'instruments financiers. Soulignons que ce sont eux qui réalisent les volumes de transactions les plus significatifs sur les marchés boursiers. Il existe trois grands types d'investisseurs institutionnels:

- les Organismes de Placement Collectif en Valeurs Mobilières (OPCVM) comme les Sociétés d'Investissements à Capital Variable (SICAV) et les Fonds Communs de Placement (FCP),
- les organismes de retraite tels que les fonds de pension, les caisses de retraite, etc. et
- les compagnies d'assurance-vie.

Chapitre II
INSTITUTIONS DU MARCHÉ

Le fonctionnement harmonieux d'un marché boursier requiert l'existence d'un minimum d'organisation institutionnelle. En général, trois catégories d'entité complémentaire y interviennent : l'autorité de régulation, les structures centrales du marché et les acteurs commerciaux.

I. AUTORITÉ DE RÉGULATION

L'autorité de régulation des marchés financiers est un organisme public indépendant doté de la personnalité morale et de l'autonomie financière. Sa mission s'articule autour de trois axes:

- la protection de l'épargne,
- l'information des investisseurs et
- le bon fonctionnement des marchés financiers.

Elle est connue sous diverses dénominations en fonction des marchés. Par exemple à Paris, on l'appelle, Autorité des Marchés Financiers (AMF), à Tunis, c'est le Conseil du Marché Financier (CMF), à Casablanca, on a le Conseil Déontologique des Valeurs Mobilières (CDVM) et dans l'UEMOA, il s'agit du Conseil Régional de l'Épargne Publique et des Marchés Financiers (CREPMF).

II. STRUCTURES CENTRALES DU MARCHÉ

1. Entreprise de marché

Une entreprise de marché ou structure de gestion de marché est une société commerciale ayant pour activités principales l'organisation et l'exploitation du marché boursier. En d'autres termes, elle gère les systèmes informatiques de cotation, l'adhésion des membres, l'admission et la radiation des valeurs. Elle a en outre la responsabilité de la diffusion des informations boursières et des conditions d'exécution des négociations et de la promotion du marché auprès des émetteurs et des investisseurs. Cette entité peut prendre la forme d'une société anonyme. En tant que telle, elle a la possibilité de faire également appel public à l'épargne en vue de son introduction en bourse. La dénomination de l'entreprise de marché varie suivant les places boursières.

À titre d'illustration à Paris en France, la société qui gère le marché boursier est Euronext Paris, une filiale du groupe NYSE Euronext. À Johannesburg en Afrique du Sud, la « JSE Limited » est la société en charge de la gestion du marché. Elle est introduite en bourse et ses titres sont échangés sur le marché comme toute autre société inscrite à la cote. À Casablanca au Maroc, la gestion de la bourse des valeurs est confiée à une société anonyme, la Bourse des Valeurs de Casablanca (BVC). Dans l'UEMOA, l'entreprise de marché est la Bourse Régionale des Valeurs Mobilières SA.

2. Chambre de compensation

La chambre de compensation est un organisme qui a pour fonction d'intervenir comme contrepartie centrale unique en s'interposant entre acheteurs et vendeurs et en leur garantissant la bonne fin des opérations, évitant ainsi tout risque de défaillance des opérateurs. Ainsi, si un adhérent est défaillant, elle se substitue à ce dernier, à charge pour ledit adhérent de se retourner vers le négociateur qui a passé l'ordre, lui-même se retournant contre son client.

Afin d'assurer son rôle de garant et de limiter les risques de défaillance sur les marchés à terme, elle impose un dépôt de garantie pour les transactions à réaliser. Celui-ci sert à garantir le risque résiduel supporté par la chambre de compensation en cas d'opération non dénouée.

La chambre de compensation ne donne l'ordre au dépositaire central de procéder au dénouement des transactions que lorsqu'elle s'est assurée que les adhérents compensateurs possèdent bien, les capitaux pour les uns, et les titres pour les autres.

À Paris et Londres par exemple, la chambre de compensation est représentée par la société LCH. Clearnet.

3. Dépositaire central

Le dépositaire central est un organe chargé d'organiser et de gérer le processus de dénouement des opérations négociées en bourse.

Ainsi, il assure la centralisation de la conservation des titres et l'administration des comptes courants de valeurs mobilières ouverts au nom de ses affiliés qui peuvent être des banques, des émetteurs, des sociétés de bourse et des OPCVM. Il est à noter que dépendamment de l'importance des places financières, le rôle du dépositaire central peut être plus étendu.

Il prend diverses dénominations et formes juridiques. À titre d'illustration, en Algérie, il s'agit d'une société par actions dénommée Algérie Clearing, au Maroc, on a Maroclear, une société anonyme de droit privé et en Allemagne et au Luxembourg, il y a Clearstream qui est également une société anonyme.

4. Banque de Règlement

Le règlement des transactions sur titres est parfois exécuté par un opérateur particulier qui peut être une banque centrale, une banque commerciale ou un autre organisme. Chaque intermédiaire boursier est tenu d'ouvrir un compte auprès de la banque de règlement qui effectue l'enregistrement de l'ensemble des virements espèces consécutifs aux engagements pris sur le marché, à l'achat ou à la vente, par les intermédiaires. Celle-ci réalise également les règlements aux crédits par le débit des émetteurs ou de leurs mandataires, des intermédiaires lors des événements sur valeurs générateurs de mouvements espèces comme par exemple les paiements de dividende et coupon d'intérêt.

III. ACTEURS COMMERCIAUX

1. Intermédiaires en bourse

Un intermédiaire en bourse est un établissement financier ayant le monopole de la négociation des valeurs mobilières inscrites en bourse. Il a donc pour activité principale la transmission des ordres d'achat et de vente de titres du client à la bourse et l'exécution des transactions.

Il peut également exercer des activités complémentaires telles que :

- la participation au placement des titres émis par des personnes morales faisant appel public à l'épargne,
- le conseil et le démarchage de la clientèle,
- l'animation du marché des valeurs mobilières,
- la gestion de portefeuille d'un client,
- l'assistance des entreprises lors des introductions en bourse et
- la conservation des titres.

Il est connu sous différentes dénominations suivant les places boursières. Ainsi à la Bourse d'Alger, on l'appelle Intermédiaire en Opérations de Bourse (IOB), à la Bourse de Casablanca, il s'agit de

Société de Bourse (SB), à la Bourse Régionale des Valeurs Mobilières, il est question de Société de Gestion et d'Intermédiation (SGI), à la Douala Stock Exchange, on parle de Prestataire de Services d'Investissement (PSI).

2. Teneurs de comptes

Un teneur de comptes est une personne morale chargée de la tenue des comptes des actifs financiers. En effet, il inscrit en compte les opérations effectuées sur les comptes espèces de ses clients.

Généralement, un teneur de comptes peut être également conservateur de titres. Il est alors appelé **Teneur de comptes-conservateur**.

Le teneur de comptes assure donc la garde et l'administration des titres, la livraison des titres vendus contre paiement, le règlement des titres achetés contre livraison et le traitement des opérations sur titres.

Deuxième partie
ACTIONS

Chapitre I
PRÉSENTATION

I. GÉNÉRALITÉS

1. Définition d'une action

Une action est une fraction du capital social d'une société de capitaux (société anonyme, société en commandite par actions, société à responsabilité limitée). C'est un titre de propriété de l'entreprise. Son revenu appelé **dividende** est une partie du bénéfice réalisé que la société distribue à l'actionnaire. Celui-ci est variable en fonction du résultat de l'entreprise. C'est pourquoi l'on définit aussi l'action comme une "valeur à revenu variable".

2. Caractéristiques physiques

Physiquement, l'action est représentée sous deux formes: **au porteur** ou **nominative**. Quelle que soit la forme d'une action, celle-ci comporte des renseignements tels que : la désignation, le capital et l'adresse de la société, le numéro ainsi que la valeur nominale du titre et la signature des administrateurs de l'entreprise. La différence entre ces deux formes de titre se situe au niveau:

- de la mention sur le certificat d'actions nominatives du nom de l'actionnaire et de la quantité de titres et
- du **détachement de coupon** pour le titre au porteur et de l'**estampillage** en ce qui concerne le certificat d'actions nominatives afin de matérialiser la **jouissance du titre.**

À titre d'illustration, les deux formes d'action sont représentées ci-après:

Action au porteur

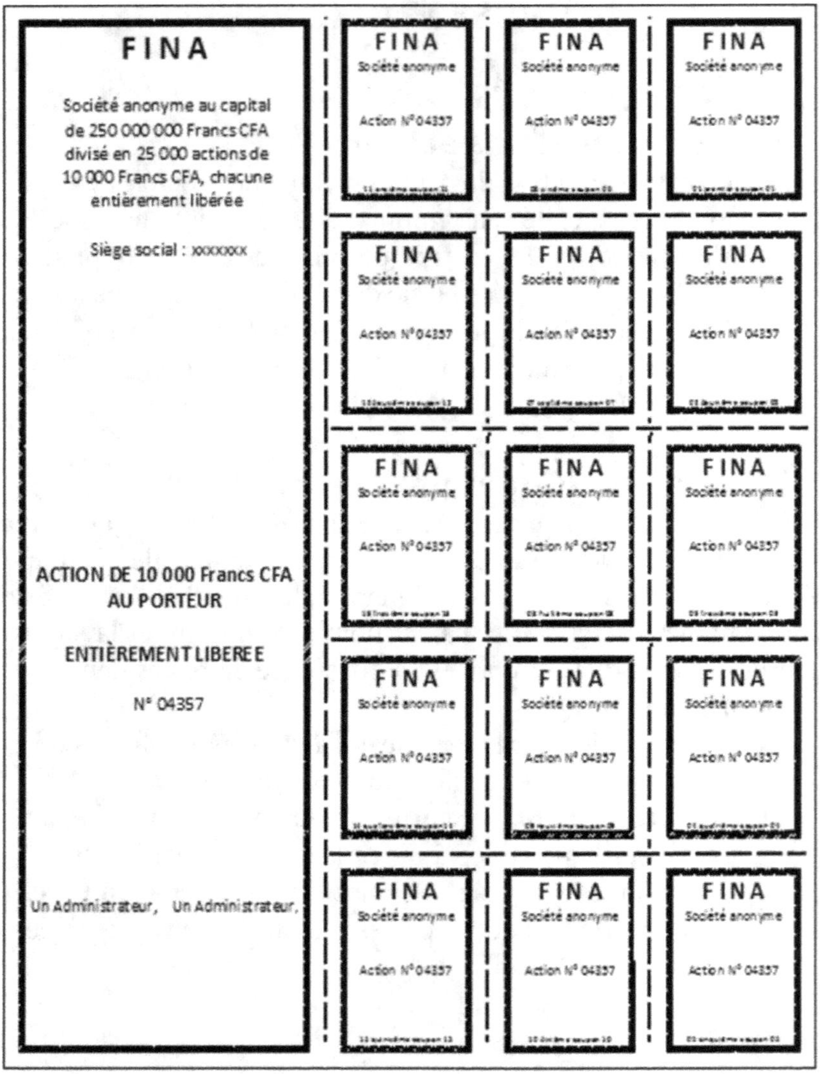

Action nominative

BISSAP

Société anonyme au capital de 1 000 000 000 Francs CFA
Siège social : xxxxxxxxxxxxxx

Numéro du certificat | **Nombre de titres**

Certificat d'Actions Nominatives

M____
est inscrit(e) sur les registres de la Société comme propriétaire de __________ actions de nominal 5 000 F CFA (Cinq mille francs CFA), chacune entièrement libérées portant les numéros suivants : __________

______________, le ___________________ 20____

Un Administrateur, | **Un Administrateur,**

PAIEMENT DES DIVIDENDES

II. DROITS D'UN ACTIONNAIRE

La détention d'une action confère à l'actionnaire de nombreux privilèges ou droits dont certains sont présentés ci-après. On peut les classer en deux grands groupes : les droits pécuniaires et les droits politiques.

1. Droits pécuniaires

1.1. Droit de percevoir des dividendes

Le dividende est la part du bénéfice net distribué aux actionnaires. Il est variable en fonction des résultats de la société. Son montant est proposé par les Administrateurs après avis du Conseil d'Administration, et voté par les actionnaires à l'Assemblée Générale après approbation des comptes annuels. Pour percevoir un dividende, il faut être propriétaire d'au moins une action.

1.2. Droit de céder et négocier ses titres

Les actions sont cessibles et négociables. Ainsi, un actionnaire peut à tout instant, exercer librement son droit de cession et de négociation des titres.

Toutefois, il est à noter que lorsque les statuts de la société prévoient un droit d'agrément, la cession des actions à des tierces personnes peut être limitée. Dans ce cas, l'agrément du nouvel actionnaire est soumis à la décision du Conseil d'Administration.

1.3. Droit sur l'actif net de la société

L'actionnaire possède les actifs de la société à concurrence de son apport au capital social. En conséquence, lorsqu'intervient la liquidation de celle-ci, il bénéficie d'un droit sur l'actif net ou actif après remboursement des différentes dettes de l'entreprise.

1.4. Droit d'attribution et Droit préférentiel de souscription

Lors des augmentations de capital, et sur décision de l'Assemblée Générale, les actionnaires peuvent bénéficier d'un droit préférentiel de souscription des actions nouvelles dans le cadre d'une augmentation de capital en numéraire ou d'un droit d'attribution d'actions nouvelles quand il s'agit d'une augmentation de capital par incorporation des réserves. Les actionnaires peuvent vendre en bourse lesdits droits à des tiers.

1.5. Droit de nantir les actions

Les actions au même titre que n'importe quel bien, peuvent servir de garantie à un prêt. Pour bénéficier de ce droit de nantissement, il faut être détenteur d'actions. Le prêteur n'accordera donc le prêt que s'il reçoit en contrepartie les titres en garantie. En cas de non-remboursement, celui-ci peut récupérer son prêt à travers les actions nanties.

2. Droits politiques

2.1. Droit à l'information

Tout actionnaire dispose d'un droit à l'information communiquée par la société.

En effet, il doit pouvoir disposer à tout moment des informations telles que les statuts de la société, les inventaires et les comptes annuels, la liste des administrateurs et les rapports du Conseil d'Administration qui comprennent les comptes annuels (bilan, compte de résultat, tableau d'emplois ressources), les chiffres d'affaires trimestriels et la situation des principales filiales notamment.

2.2. Droit de participer aux Assemblées Générales

Quel que soit le nombre d'actions qu'il détient et leur mode de détention, un actionnaire a le droit de participer aux Assemblées Générales et d'y exercer son droit de vote. Il existe deux types d'assemblée d'actionnaires : l'Assemblée Générale Ordinaire (AGO) qui se tient une fois par an et l'Assemblée Générale Extraordinaire (AGE) qui peut réunir à tout moment les actionnaires.

2.3. Droit de vote

À chaque action est attaché au minimum un droit de vote que le titulaire du titre peut exercer soit en personne, soit à distance, soit par procuration. Il permet à celui-ci d'exprimer son opinion sur les décisions de gestion des dirigeants, la modification des statuts et d'élire le conseil d'administration de la société.

III. DIFFÉRENTES CATÉGORIES D'ACTION

1. Actions ordinaires

L'action ordinaire est une action classique. Ainsi, en dehors des droits qui sont généralement reconnus à un actionnaire, elle ne confère aucun droit particulier à celui-ci. De même, sa détention n'induit aucune restriction des droits habituels. La majorité des actions émises par les sociétés sont de ce type.

2. Actions privilégiées

Les actions privilégiées ou Actions à Dividendes Prioritaires (ADP) sans droit de vote sont des actions émises en général par des sociétés familiales ou sociétés contrôlées par de grands Groupes. Elles donnent droit à un dividende fixe et parfois cumulatif lorsqu'il n'est pas versé au terme de précédents exercices. Un actionnaire qui détient ce type d'action perd le bénéfice du droit de vote.

3. Actions prioritaires

Lorsqu'une société est à la recherche de financement extérieur alors que sa situation est peu reluisante, elle peut émettre des actions prioritaires en vue d'attirer les investisseurs. En effet, avec cette catégorie d'action, non seulement l'actionnaire conserve son droit de vote, mais aussi il bénéficie des dividendes plus élevés et payés en priorité par rapport à ceux des actions ordinaires.

4. Actions de jouissance

Une action de jouissance est un titre, dont la valeur nominale a été remboursée. Ce remboursement qui peut être partiel ou total, s'effectue par prélèvements sur les bénéfices distribuables et constitue une avance sur le produit d'une future liquidation de la société. Ainsi, bien que l'action de jouissance offre à son détenteur les mêmes droits que l'action ordinaire, elle ne donne plus droit à remboursement lors de la liquidation effective. En outre, l'actionnaire ne bénéficie pas de la totalité du dividende versé aux actionnaires ordinaires.

5. American Depository Receipts

L'American Depository Receipt (ADR) est un certificat nominatif négociable émis par une banque américaine pour le compte d'une société étrangère. Il représente la propriété d'une ou de plusieurs actions d'une société non américaine cotée sur un marché règlementé.

C'est le principal moyen par lequel les actions des émetteurs étrangers sont traitées sur le marché boursier américain. La société non américaine dépose auprès d'une banque américaine un nombre déterminé de ses actions. En contrepartie, celle-ci lui délivre un certificat qui permet de la faire coter en bourse sur un marché américain des actions. La banque dépositaire gère donc pour le compte de l'entreprise étrangère, les flux de dividendes et le registre des détenteurs du titre. Les actions de la société non américaine, représentées par un ADR sont appelées « American Depository Shares » (ADSs).

6. Actions reflets

Les actions reflets ou actions traçantes ou encore « tracking stocks » sont une nouvelle catégorie d'actions émises par une société exerçant plusieurs activités. Elle les émet afin de refléter l'activité et les performances de l'une de ses divisions ou de ses filiales. Ce qui lui permet de profiter des valorisations élevées de cette activité.

Les détenteurs d'actions reflets ont droit à un dividende. En revanche, ils ne jouissent pas du droit de vote des décisions de la filiale que lesdites actions sont censées représenter.

Chapitre II
INTRODUCTION EN BOURSE

Une introduction en bourse est une opération financière par laquelle une société cède un certain pourcentage de son capital social au public sur le marché boursier. C'est une étape importante dans la vie d'une société. Elle lui permet la cotation de ses actions en bourse. Afin de se faire inscrire à la cote d'une bourse, la société candidate doit respecter des critères d'accès fixés par l'entreprise de marché. La cotation en bourse lui donne l'opportunité de diversifier ses sources de financement par l'émission de ses titres sur le marché financier.

I. MOTIVATIONS D'UNE INTRODUCTION EN BOURSE

Diverses raisons conduisent une société à s'introduire en bourse. Les plus courantes sont : la levée des capitaux, le gain de notoriété, la pérennité de la société, la motivation du personnel et la bonne gouvernance d'entreprise.

1. Levée des capitaux

La Levée des capitaux est la principale motivation d'une introduction en bourse. Elle vise souvent deux objectifs majeurs : le financement de la croissance et l'accroissement de la capacité d'endettement de la société.

1.1. Financement de la croissance

Le développement d'une société passe en général, par des projets tels que : l'augmentation des capacités de production, l'amélioration de la productivité, le rachat d'une autre entreprise ou la création d'une filiale intégrée. La mise en œuvre des projets de telle envergure nécessite d'importants moyens financiers qui dépassent des fois la capacité de financement de ses bailleurs de fonds habituels (actionnaires actuels et banquiers). Pour y parvenir, elle recourt à la bourse, source de financement alternative ou complémentaire d'un prêt bancaire ou d'un apport d'associés.

1.2. Accroissement de la capacité d'endettement

L'introduction en bourse favorise la consolidation des fonds propres de la société. Cette dernière une fois cotée en bourse, a la possibilité de procéder plus facilement à de nouvelles levées de fonds et d'utiliser des instruments financiers performants. L'augmentation des fonds propres ainsi effectuée permet l'accroissement de la capacité d'endettement de la société.

2. Gain de notoriété

Une cotation en bourse donne à la société de la crédibilité et accroit sa notoriété. Les obligations d'information liées à ladite cotation lui offrent une visibilité permanente sur son évolution et ses résultats grâce aux médias. De plus, les intermédiaires en bourse dans leur rôle de conseiller en investissement, relaient l'image de l'entreprise auprès de leurs clients.

Une meilleure notoriété facilite et améliore les relations de l'entreprise avec ses fournisseurs, ses clients et ses partenaires financiers, dont les banques. Par ailleurs, du fait qu'elle est perçue par ses ressources humaines comme étant désormais plus solide et attractive, le recrutement et l'épanouissement de ses employés de haut niveau voire de l'ensemble de ses ressources humaines deviennent plus aisés.

3. Pérennité de la société

La cotation en bourse peut régler le problème de la succession du fondateur ou d'un actionnaire majoritaire de la société. Les actions étant valorisées objectivement et rendues aisément négociables, le règlement de la succession et la solution des problèmes fiscaux s'y rapportant, seront facilités.

4. Motivation du personnel

S'inscrire en bourse est aussi un moyen de mobiliser et d'intéresser le personnel à la bonne marche de la société. Par le biais des "stock-options", ces actions qui sont cédées à des salariés à un prix défiant toute concurrence, une société peut fidéliser davantage les personnes essentielles à son management. La cotation en bourse rend lesdits titres plus intéressants pour les employés qui peuvent suivre quotidiennement le cours du titre et tirer avantage de sa négociabilité.

5. Bonne gouvernance d'entreprise

Par une cotation en bourse, la société et sa direction s'imposent des exigences plus strictes. L'entreprise devra faire preuve de ses capacités et de son professionnalisme en matière de structure de l'organisation, de gestion, de reporting financier et de communication financière dirigée vers des investisseurs externes, actuels ou potentiels. Cette bonne gouvernance que requiert l'introduction en bourse doit aussi se traduire par la mise en place de procédures internes de travail et de contrôle ainsi que par la professionnalisation des instances d'administration et de surveillance, autant de mutations vertueuses qui ne pourront que renforcer la solidité de l'entreprise.

La cotation en bourse est donc un label de qualité que la société doit défendre jour après jour.

II. ÉVALUATION FINANCIÈRE D'UNE SOCIÉTÉ

Dans la perspective de la réalisation d'une introduction en bourse, la société candidate doit faire l'objet d'une évaluation financière. Cette analyse financière permet de déterminer le prix du titre. L'évaluateur dispose de nombreuses méthodes d'évaluation dont les principales sont présentées ci-après.

1. Méthode de la valeur mathématique

La **valeur mathématique**, encore appelée "**valeur intrinsèque**" ou actif net par action, est la valeur patrimoniale d'une société à un moment donné de sa vie. L'application de la méthode d'évaluation basée sur la valeur mathématique suppose un retraitement des bilans de façon à corriger les valeurs comptables pour les ramener aux valeurs réelles.

En effet, l'évaluateur considère que la capitalisation boursière d'une société correspond à peu près à son patrimoine réel. Ainsi, si l'actif net est purement comptable, il n'est pas toujours représentatif de sa valeur réelle.

Par exemple, si une société achète un bâtiment, au niveau comptable ce bâtiment sera amorti au fur et à mesure des années. Si 15 ans plus tard la société procède à une évaluation de son entreprise, la valeur comptable de ce bâtiment sera presqu'égale à zéro. Or, si l'entreprise revendait ledit bâtiment, il aurait très certainement pris de la valeur et son prix de vente ne serait donc pas nul.

C'est pourquoi, il faut corriger l'actif net comptable pour calculer la valeur réelle d'une action. L'actif net, Anet de la société est obtenu comme suit:

Anet = capital social
+ réserves
+ report à nouveau positif
+ provisions réglementées
+ bénéfice net non distribué
- frais d'établissement
- report à nouveau négatif
- pertes

La valeur mathématique est donc:

$$\mathbf{VM} = \frac{\mathbf{Anet}}{\mathbf{N}}$$

avec VM : Valeur Mathématique

Anet : Actif net

N : Nombre de titres composant le capital.

CIRCONSTANCE D'UTILISATION

La société dispose d'importants actifs corporels à valoriser.

2. Méthode de la valeur de rendement

A la différence de la valeur mathématique qui ne repose que sur l'actif social, la **valeur de rendement** est déterminée à partir du dividende distribué par la société. Elle concerne plus les sociétés ayant une politique de distribution régulière de dividende. En pratique, on raisonne sur la valeur moyenne des dividendes sur les trois plus récents exercices ou la moyenne pondérée des dividendes prévisionnels sur les trois premiers exercices à venir.

La valeur de rendement est obtenue en faisant le produit du dividende moyen ou du dividende moyen pondéré, par le coefficient de capitalisation (price-earnings ratio, taux de rémunération de l'épargne, etc.).

On a donc:

$$VR = \omega \sum_{i=1}^{n} \frac{x_i d_i}{X}$$

avec ω : coefficient de capitalisation
x_i : pondération des dividendes de l'année (i)
d_i : dividende par action distribué à l'année (i)
X : somme des pondérations appliquées
VR : valeur de rendement

CIRCONSTANCE D'UTILISATION

La société distribue régulièrement des dividendes.

3. Méthode de la valeur de productivité

La **valeur de productivité** repose sur une conception élargie du profit de la société. Il s'agit ici de prendre en considération la capacité de la société à générer des bénéfices. C'est pourquoi s'agissant des sociétés en pertes, on a recours, si la situation le permet, aux bénéfices prévisionnels à retirer de l'outil de travail qu'offre l'entreprise, pour calculer une valeur de productivité potentielle.

Son mode de détermination est identique à celui de la valeur de rendement:

$$VP = \omega \sum_{i=1}^{n} \frac{x_i b_i}{X}$$

avec ω : coefficient de capitalisation
x_i : pondération des bénéfices de l'année (i)
b_i : bénéfices réalisés par action ou à réaliser à l'année (i)
X : somme des pondérations appliquées
VP : valeur de productivité

CIRCONSTANCE D'UTILISATION

La société réalise d'importants bénéfices qui ne sont pas distribués forcément sous forme de dividendes.

4. Méthode des comparables

La méthode des comparables consiste à évaluer une société par comparaison avec d'autres sociétés cotées. Celles-ci doivent au minimum être issues du même secteur d'activité que la société à évaluer et avoir des caractéristiques de structures financières proches de celles de ladite société. La méthode des comparables la plus utilisée est le Price-Earnings Ratio (PER) qui se définit par la relation suivante:

$$\mathbf{PER = \frac{P}{E}}$$

avec P, Cours du titre et E, Bénéfice Net Par Action.

CIRCONSTANCE D'UTILISATION

Les caractéristiques de la société à évaluer sont identiques à celles d'un échantillon de sociétés cotées.

5. Méthode de la valeur moyenne

En règle générale, la détermination de la valeur unitaire moyenne des titres résulte de la combinaison des différentes méthodes. Ainsi pour déterminer la valeur vénale moyenne d'une société à introduire à la cote, l'évaluateur fait une moyenne pondérée de la valeur mathématique et de la valeur de rendement ou de productivité. La pondération appliquée dépendra aussi bien de la taille de la société à évaluer que de la nature de l'activité qu'elle exerce. Lorsque la valeur de rendement est nulle ou dérisoire, elle est suppléée par la valeur de productivité.

La valeur (V) de l'action est alors:

$$\mathbf{V = \frac{VM + VR}{2}}$$

CIRCONSTANCE D'UTILISATION

L'évaluateur s'intéresse à la fois aux actifs corporels de la société et à sa capacité à générer et à distribuer des bénéfices.

EXERCICE

La société ZOPA présente aux 31/12/N-2, 31/12/N-1 et 31/12/N les bilans suivants:

BILANS COMPARES (en millions de FCFA)

ACTIF	Exercice N-2	Exercice N-1	Exercice N	PASSIF	Exercice N-2	Exercice N-1	Exercice N
Charges immobilisées	33,5	74,4	76,1	Capital	1 800,0	1 800,0	1 800,0
Immobilisations corporelles	5 097,3	5 309,7	7 035,0	Primes & réserves	1 286,9	1 290,2	1 641,7
Immobilisations financières	2 534,7	2 372,1	2 216,1	Report à nouveau	2 209,5	2 023,5	1 708,0
				Résultat net de l'exercice	**223,5**	**214,5**	**-1 290,7**
Stocks	3 399,5	3 634,1	3 292,0	Provisions règlementées et fonds assimilés	2 052,9	2 052,9	2 101,6
Créances et emplois assimilés	10 821,6	12 770,7	8 372,5	Emprunts	1 277,5	960,8	1 686,1
Trésorerie – Actif	266,4	313,2	19,4	Passif circulant	13 302,7	16 132,3	13 364,4
				Trésorerie – Passif	0,0	0,0	0,0
TOTAL ACTIF	**22 153,0**	**24 474,2**	**21 011,1**	**TOTAL PASSIF**	**22 153,0**	**24 474,2**	**21 011,1**

On note au bas des bilans, les renseignements complémentaires que voici:

1 - les résultats prévus par les dirigeants de la société s'établissent comme suit:

Exercice N+1 : - 50 000 000 FCFA

Exercice N+2 : 65 000 000 FCFA

Exercice N+3 : 200 000 000 FCFA

2 - le Price-Earnings Ratio (PER) de TOCI, société cotée en bourse, du même secteur d'activité et de la même taille que ZOPA est égal à 5.

3 - Les dividendes distribués s'élèvent à 409 500 000 FCFA en N-2 et 530 000 000 FCFA en N-1.

4 - La valeur nominale du titre ZOPA est 10 000 FCFA.

Déterminer la valeur de l'action ZOPA au moment de son introduction en bourse.

SOLUTION

a. Valeur mathématique

(En millions de FCFA)

DÉSIGNATION	Exercice N-2	Exercice N-1	Exercice N
CAPITAL	1 800,0	1 800,0	1 800,0
+ RÉSERVES	1 286,9	1 290,2	1 641,7
+ REPORT A NOUVEAU	2 209,5	2 023,5	1 708,0
+ PROVISIONS REGLEMENTEES	2 052,9	2 052,9	2 101,6
+ BÉNÉFICE NET A AFFECTER	223,5	214,5	-
- FRAIS D'ÉTABLISSEMENT	33,5	74,4	76,1
- PERTES	-	-	1 290,7
= ACTIF NET COMPTABLE AVANT DISTRIBUTION	7 539,3	7 306,7	5 884,5
- DIVIDENDE	409,5	530,0	-
- TANTIEME	-	-	-
= ACTIF NET COMPTABLE APRÈS DISTRIBUTION	7 129,8	6 776,7	5 884,5
NOMBRE D'ACTIONS (1)	180 000	180 000	180 000
VALEUR NOMINALE (2)	10 000	10 000	10 000
ACTIF NET/ACTION AVANT DISTRIBUTION (2)	41 885,0	40 592,8	32 691,7
ACTIF NET/ACTION APRÈS DISTRIBUTION (2)	39 610,0	37 648,3	32 691,7

(1) en titres

(2) en FCFA

L'actif net par action ou la valeur mathématique de l'action ZOPA après distribution des dividendes en année N est de 32 691.7 FCFA ≅ **32 692 FCFA**.

b. Valeur de rendement

Pour tenir compte du risque que court l'investisseur en acquérant les actions ZOPA, nous affecterons des coefficients de pondération aux résultats prévisionnels annoncés. Puisque les résultats les plus imminents ont une plus grande probabilité de réalisation, on leur attribue des pondérations plus élevées. Choisissons alors les coefficients 3, 2 et 1 pour les résultats des années N+1, N+2 et N+3 respectivement.

Ainsi, le bénéfice moyen pondéré est de:

$$\frac{(-50\,000\,000 \times 3) + (65\,000\,000 \times 2) + 200\,000\,000}{(3 + 2 + 1)}$$
$$= 30\,000\,000 \text{ FCFA}$$

Par action, on a:

$$\frac{30\,000\,000}{180\,000} = 166{,}66 \cong 167 \text{ FCFA}$$

La valeur de rendement est alors = Bénéfice Par Action x PER_{TOCI}

VR = 167 x 5 = 835

VR = 835 FCFA

c. Valeur vénale de l'action ZOPA

$$V = \frac{VM + VR}{2} = \frac{32\,692 + 835}{2} = 16\,763{,}5$$

$$\mathbf{V \cong 16\,763 \text{ FCFA}}$$

6. Méthode du Good Will

Le **Good Will** encore appelé "survaleur" de l'entreprise, est l'expression de la valeur des éléments incorporels du **fonds de commerce** (nom, marque, réputation, compétence de l'équipe, organisation commerciale ...).

En effet, l'impact de ces éléments pris globalement, peut être positif sur le résultat de la société de sorte que les bénéfices réalisés deviennent plus importants que ceux qui devraient être obtenus avec les actifs corporels uniquement; ce qui induit un accroissement de la valeur patrimoniale de l'entreprise. Dans cette optique, la valeur de l'entreprise sera donc égale à la somme de la valeur patrimoniale et du fonds de commerce positif, le Good Will. Celui-ci est donc obtenu en faisant la différence entre la valeur de l'entreprise et la valeur patrimoniale (valeur mathématique).

Ceci s'écrit:

$$GW = V - VM \text{ or } V = \frac{VM+VR}{2}$$

$$\Rightarrow GW = \frac{VM+VR}{2} - VM = \frac{VM+VR-2VM}{2} = \frac{VR-VM}{2}$$

$$\mathbf{GW = \frac{VR - VM}{2}}$$

avec GW : Good Will
VR : Valeur de rendement
VM : Valeur Mathématique

REMARQUE: Lorsque la valeur du Good Will est négative, on parle alors de **Bad Will**. Ici, les éléments incorporels constituant le fonds de commerce ont un impact négatif sur le résultat de la société. Il s'agit par exemple de l'incompétence de l'équipe, de l'inefficacité de l'organisation commerciale, de la mauvaise réputation, etc. La valeur de l'entreprise découlant de ce résultat, n'est rien d'autre que la valeur patrimoniale réduite du fonds de commerce négatif, Bad Will.

CIRCONSTANCE D'UTILISATION

L'actif de la société est constitué essentiellement de fonds de commerce.

Application numérique: cas ZOPA (Exercice N)

$$GW = \frac{VR - VM}{2} = \frac{835 - 32\,692}{2} = -\,15\,928.5$$

$$\mathbf{GW \cong -\ 15\,928\ FCFA}$$

La valeur du Good Will de ZOPA en N est négative. Il s'agit alors d'un Bad Will évalué à **15 928 FCFA** par action.

7. Méthode du Cash-Flow

Le Cash-flow ou **flux de trésorerie** est la différence entre toutes les entrées de trésorerie (cash inflow) et toutes les sorties de trésorerie (Cash outflow) d'une entreprise à un moment donné de sa vie. C'est la part de ressources disponibles d'une entreprise après déduction de ses charges. Ces ressources sont souvent retenues sous forme de bénéfices et de dotations aux amortissements et provisions. Ainsi donc, on peut l'estimer en utilisant la relation suivante:

CASH-FLOW = BÉNÉFICE NET + DOTATIONS AUX AMORTISSEMENTS + DOTATIONS AUX PROVISIONS (*ne correspondant pas à une charge réelle*)

Pour calculer la valeur du titre sur la base du Cash-flow, on procède à un rapport moyen, $\overline{\alpha}$ entre la capitalisation boursière et le Cash-flow des entreprises cotées comparables (par leur secteur d'activité et leur taille) à celle à évaluer.

En d'autres termes, on a:

$$\overline{\alpha} = \frac{\sum_{i=1}^{n} \frac{CB_i}{CF_i}}{E}$$

avec CB_i : la capitalisation boursière de l'entreprise (i);

CF_i : le cash-flow de l'entreprise (i);

E : le nombre total d'entreprises cotées ayant servi de référence.

Le coefficient, $\overline{\alpha}$ obtenu, est affecté au cash-flow de l'entreprise à évaluer pour déterminer ce que sa valeur boursière aurait pu être si elle était cotée. La valeur du titre sera donc égale à la valeur boursière trouvée, divisée par le nombre d'actions composant le capital de ladite société.

Soit CF, le cash-flow de l'entreprise à évaluer, N, le nombre d'actions constituant le capital, on a l'égalité suivante:

$$\mathbf{V} = \frac{\overline{\alpha}\mathbf{CF}}{\mathbf{N}}$$

CIRCONSTANCE D'UTILISATION

La société ne réalise pas forcément de grands bénéfices, mais elle dispose d'une forte trésorerie destinée aux amortissements et aux provisions.

Application numérique: Cas ZOPA (Exercice N-1)

On donne les renseignements complémentaires suivants sur TOCI, une entreprise cotée en bourse et semblable à ZOPA:
* Cash-flow en année N-1 = 714 600 000 FCFA
* Capitalisation boursière au 31/12/ N-1 = 2 622 522 450 FCFA.

Quelle est la valeur du titre ZOPA sachant que son cash-flow est de 824 700 000 FCFA en N-1?

SOLUTION

$$\overline{\alpha} = \frac{\sum_{i=1}^{n} \frac{CB_i}{CF_i}}{E} = \frac{2\,622\,522\,450}{714\,600\,000}$$

$$= 3{,}669 \cong 3{,}67$$

$$\overline{\alpha} \cong 3{,}67$$

$$V = \frac{\overline{\alpha} CF}{N} = \frac{3{,}67 \text{ x } 824\,700\,000}{180\,000} = 16\,814{,}7$$

V ≅ 16 815 FCFA

La valeur (V) du titre ZOPA est donc **16 815 FCFA.**

8. Méthodes d'actualisation

L'approche d'actualisation est basée sur la logique selon laquelle l'investisseur achète les flux futurs. Ainsi, le montant de son investissement sera égal à la somme de ses gains futurs actualisés. Vu sous cet angle, on peut définir le cours d'une action comme étant la valeur actuelle des revenus futurs anticipés. Ceux-ci sont constitués des dividendes perçus, augmentés de la valeur de revente des titres. La relation mathématique suivante exprime la logique:

$$\mathbf{P} = \sum_{t=1}^{T} \frac{D_t}{(1+k)^t} + \frac{P_T}{(1+k)^T} \quad \textbf{(Modèle d'Irving-Fischer)}$$

P : cours de l'action
k : taux d'actualisation
D_t : montant du revenu futur à la date t.
P_T : valeur de revente à la date T.

Cette formule peut aussi s'écrire comme suit:

$$P = \frac{D_1}{(1+k)^1} + \frac{D_2}{(1+k)^2} + \frac{D_3}{(1+k)^3} + \cdots + \frac{D_T}{(1+k)^T} + \frac{P_T}{(1+k)^T}$$

Pour T tendant vers l'infini, $\frac{P_T}{(1+k)^T}$ va tendre vers 0.

On a donc:

$$P = \frac{D_1}{(1+k)^1} + \frac{D_2}{(1+k)^2} + \frac{D_3}{(1+k)^3} + \cdots + \frac{D_\infty}{(1+k)^\infty}$$

Comme on le constate, le prix actualisé de revente des actions deviendra nul à long terme si l'actionnaire les conserve à perpétuité.

En conséquence, ses revenus espérés ne seront composés que des seuls dividendes qu'il percevra dans le temps. Deux hypothèses de croissance des dividendes futurs peuvent alors être émises: le dividende est constant et le taux de croissance du dividende est constant.

Hypothèse 1: Dividende constant

Dans l'hypothèse du dividende constant, le montant du dividende perçu par l'actionnaire reste inchangé à chaque fin d'exercice et est égal au dividende actuel. C'est le cas des actions privilégiées pour lesquelles le dividende est fixe et connu d'avance. La méthode d'actualisation dans le présent scénario reste donc convenable à ce type d'action.

Soit D, le dividende constant et k, le taux d'actualisation, le cours (P) de l'action égal à la valeur actuelle d'une perpétuité, est déterminé par la relation suivante:

$$\mathbf{P = \frac{D}{k}}$$

EXERCICE

La société SELI qui envisage s'introduire en bourse a fourni entre autres informations celles qui suivent:

1- Le dividende distribué est constant et s'élève à 2 500 FCFA par action,
2- Le taux d'actualisation retenu est égal à 8%.

Quelle est la valeur de l'action SELI?

SOLUTION

$P = \frac{D}{k}$ En faisant une application numérique, on a:

$$P = \frac{2\,500}{0{,}08} = 31\,250$$

$$\mathbf{P = 31\,250}$$

La valeur de l'action SELI est donc égale à **31 250 FCFA**.

Hypothèse 2 : Dividende à taux de croissance constant

Dans l'hypothèse 2, le taux de croissance (g) des dividendes est constant à l'infini. Le cours de l'action est déterminé de la manière suivante:

$$P = \frac{D_0(1+g)}{(1+k)^1} + \frac{D_0(1+g)^2}{(1+k)^2} + \frac{D_0(1+g)^3}{(1+k)^3} + \cdots + \frac{D_0\,(1+g)^\infty}{(1+k)^\infty}$$

En appliquant les principes de calcul d'une suite géométrique, on obtient:

$\mathbf{P = \frac{D_1}{k-g} = \frac{D_0\,(1+g)}{k-g}}$ **(Modèle de Gordon-Shapiro)**

Avec k > g et g, un taux de croissance qui se maintient indéfiniment.

CIRCONSTANCE D'UTILISATION

L'évaluateur s'intéresse à la capacité de la société à générer des flux futurs de trésorerie.

EXERCICE

Dans la perspective de son introduction prochaine en bourse, la société NIKI vous charge de valoriser son titre. Elle met à votre disposition les renseignements suivants:

- Dividendes prévus dans un an: 1 265 FCFA/action
- Coût des capitaux propres: 7%
- Taux de croissance des dividendes: 2%

Déterminez la valeur de l'action NIKI.

SOLUTION

Étant donné $P = \frac{D_1}{k-g}$, l'application numérique de cette formule donne ce qui suit:

$$P = \frac{1\,265}{0{,}07 - 0{,}02} = \frac{1\,265}{0{,}05} = 25\,300$$

$$\mathbf{P = 25\,300}$$

La valeur de l'action NIKI est donc égale à **25 300 FCFA**.

III. PROCÉDURES D'INTRODUCTION EN BOURSE

Il existe cinq procédures d'introduction en bourse: la cotation directe, l'Offre à Prix Ferme, l'Offre à Prix Minimal, l'Offre à Prix Ouvert et le placement garanti.

1. Cotation directe

La cotation directe est une méthode d'introduction généralement appliquée à l'occasion d'un transfert de marché ou d'une cotation à la suite d'un placement privé. Cependant lorsqu'elle comporte une cession de titres au public, un prix minimal ainsi qu'une limite maximale du cours de l'action sont déterminés par les autorités du marché pour la première cotation de la société. C'est à l'intérieur de cet écart maximal de cours que le prix d'introduction sera établi. La cotation directe reste une méthode d'introduction très peu utilisée.

2. Offre à Prix Ferme

L'Offre à Prix Ferme (OPF) consiste à fixer de façon prédéterminée un prix de première cotation. C'est uniquement à ce cours d'introduction que peuvent avoir lieu les ordres d'achat. Lorsque la demande est supérieure à l'offre de titres, la répartition des actions à servir se fait proportionnellement au volume de titres exprimé à la demande. L'OPF est utilisée essentiellement par les sociétés privatisées.

3. Offre à Prix Minimal

L'émetteur annonce le prix en dessous duquel les titres ne pourront être achetés ou souscrits. En revanche, il n'y a pas de limite maximum de cours. Chaque investisseur a donc la possibilité de proposer le cours qu'il souhaite, pourvu que celui-ci soit supérieur au cours minimal. En fonction du volume de titres à acheter, une fourchette de prix au sein de laquelle les ordres seront servis, est déterminée. Le cours d'introduction en bourse de l'action sera égal à la borne inférieure de ladite fourchette de cours. Il peut être différent de celui préalablement publié par la société. Ainsi théoriquement, l'Offre à Prix Minimal (OPM) permet la détermination du premier cours coté par le marché.

4. Offre à Prix Ouvert

L'Offre à Prix Ouvert (OPO) consiste, pour l'émetteur, à proposer une fourchette de prix aux investisseurs. Le prix définitif est fixé en fonction de la demande, en confrontant les ordres d'achat et le nombre de titres disponibles. Seuls les ordres exprimés à des limites de cours supérieures ou égales au cours d'introduction sont servis.

5. Placement garanti

Le placement garanti consiste, préalablement ou simultanément à une procédure de cotation, à diffuser les titres auprès d'une ou plusieurs catégories d'investisseurs sélectionnés d'avance. Lorsque le volume de titres garanti, n'a pu être entièrement placé, l'intermédiaire porte lui-même les titres restants pour les remettre ultérieurement sur le marché.

Chapitre III
MÉCANISME DE COTATION

Toute société admise en bourse doit faire l'objet d'une cotation. La **cotation** qui peut être définie comme l'action de déterminer un cours, est une opération qui consiste à confronter les ordres d'achat et les ordres de vente des titres émis sur le marché, en vue de la recherche d'un prix admettant le maximum d'échanges possibles.

Ainsi, lorsqu'une société est cotée, c'est le cours boursier de son action qui permet de l'évaluer. La détermination de ce cours est faite selon la loi de l'offre et de la demande. Les intermédiaires officiels et spécialisés que sont les agents de change désignés aussi par sociétés de bourse ou sociétés de gestion et d'intermédiation selon les places financières, reçoivent de leurs clients des ordres d'achat et des ordres de vente qu'ils sont chargés d'exprimer en bourse.

I- ORDRES DE BOURSE

Les **ordres de bourse** sont des instructions données par toute personne physique ou morale désireuse d'acheter ou de vendre des valeurs mobilières en bourse. Ils peuvent être adressés directement aux intermédiaires en bourse par des clients ou à des auxiliaires de la profession boursière tels que les sociétés de gestion de patrimoine et les apporteurs d'affaires en bourse. Les moyens de transmission des ordres sont multiples: lettre, télégramme, télex, télécopie, internet, fiche d'ordre, téléphone ou vive voix (sous réserve d'une éventuelle confirmation écrite). Tout ordre de bourse doit mentionner le sens de l'opération (achat ou vente), le nom, le nombre et la nature des titres à négocier.

Les ordres de bourse peuvent se présenter sous diverses formes; mais les plus courantes sont : l'ordre « au mieux », l'ordre « au prix du marché », l'ordre « à tout prix », l'ordre « à cours limité » et l'ordre à déclenchement.

1. Ordre «au mieux»

C'est un ordre qui ne comporte aucune précision du niveau de cours souhaité par l'opérateur en bourse. Il est dit « au mieux » c'est-à-dire au mieux des possibilités du marché. Aussi, permet-il une plus rapide réalisation des transactions concernées; car l'intermédiaire en bourse dans ces conditions, a toute la latitude d'opérer à n'importe quel cours admis par le marché pourvu que les ordres dont il a la charge soient exécutés.

EXEMPLE

- ***Ordre d'achat***

AKA
02 BP 452 Abidjan 02

Abidjan, le 10 juillet xxxx

A
Société de Gestion et d'Intermédiation V

ABIDJAN

Veuillez m'acheter au mieux 300 actions UNIWAX et débiter mon compte n°.....................

Signature du donneur d'ordre

- ***Ordre de vente***

DATCHA
BP 62 Dakar

Dakar, le 17 juillet xxxx

A
Société de Gestion et d'Intermédiation W

DAKAR

Veuillez vendre au mieux mes 70 actions NESTLE-CI et créditer mon compte n°....................

Signature du donneur d'ordre

2. Ordre «au prix du marché» et ordre « à tout prix »

Sur certains marchés développés comme la bourse de Paris, l'ordre « au mieux » n'existe plus. D'autres catégories d'ordres à savoir l'**ordre « au prix du marché »** et l'**ordre « à tout prix »**, ont été mises à la disposition des intervenants en bourse.

2.1. Ordre « au prix du marché »

L'ordre « au prix du marché » encore appelé ordre « au cours du marché » est un ordre de bourse exprimé sans aucune indication de limite de cours. Contrairement à l'ordre « au mieux », il n'a pas l'avantage d'être servi en priorité sur les autres types d'ordre. En cas de son exécution partielle, le reliquat non exécuté devient systématiquement un ordre limité au dernier cours coté.

2.2. Ordre « à tout prix »

L'ordre « à tout prix » ou ordre « au marché » est un ordre de bourse qui est sans condition de prix. Tout comme l'ordre « au mieux », il est exécuté avant tous les ordres « à cours limité » et les ordres « au prix du marché ». Toutefois, il a la particularité de n'être exécuté qu'en totalité.

3. Ordre « à cours limité »

Ici, l'ordre donné par l'opérateur économique fixe une limite de cours (à l'achat ou à la vente). Pour l'acheteur, la limite exprimée est le prix maximum au-dessus duquel il n'est plus acquéreur. S'agissant du vendeur, la limite exprimée est le prix de vente minimum en dessous duquel il cesse d'offrir ses titres. Lorsqu'une transaction s'est réalisée à un cours égal à la limite donnée, on dit que ce **cours** est **touché**.

EXEMPLE

- ***Ordre d'achat***

ZOUMANA
BP 50 Ouagadougou

Ouagadougou, le 5 juillet xxxx

A
Société de Gestion et d'Intermédiation X
OUAGADOUGOU

Veuillez m'acheter 150 actions SOGB à 17 000 FCFA et débiter mon compte n°....................

Signature du donneur d'ordre

N B: L'intermédiaire en bourse ne peut réaliser cette opération qu'à un cours inférieur ou égal à 17 000 FCFA. Aussi, le cours sera-t-il dit touché si l'achat a été réalisé à 17 000 FCFA.

- ***Ordre de vente***

YOUKONE
BP 03 Lomé

Lomé, le 12 mai xxxx

A
Société de Gestion et d'Intermédiation Y

LOME

Veuillez vendre mes 45 actions SITAB à 42 000 FCFA et créditer mon compte n°........................

Signature du donneur d'ordre

N B: Cette opération ne peut être dénouée qu'à un cours supérieur ou égal à 42 000 FCFA. Aussi, le cours sera-t-il dit touché si la vente a été réalisée à 42 000 FCFA.

4. Ordre à déclenchement

On distingue deux catégories d'ordre à déclenchement: l'ordre à seuil de déclenchement et l'ordre à plage de déclenchement.

4.1. Ordre à seuil de déclenchement

L'ordre à seuil de déclenchement est un ordre à cours limité qui se transforme en ordre au marché dès que la limite de cours fixé encore appelé « seuil » est atteinte. Le seuil spécifié par l'investisseur doit être supérieur au dernier cours de la veille pour un achat, ou inférieur au dernier cours de la veille pour une vente. L'exécution de l'ordre à seuil de déclenchement se fait donc à un cours égal ou supérieur au seuil de l'ordre d'achat ou à un cours égal ou inférieur au seuil de l'ordre de vente.

Ainsi, bien que l'ordre à seuil de déclenchement assure une exécution maximale des titres, il ne permet pas de maîtriser le prix auquel il sera exécuté.

EXEMPLE

Si le dernier cours précédent pour une action Y est de 15 000 FCFA au moment de la saisie de l'ordre d'achat, le seuil devra être supérieur à ce cours. Un seuil à 15 020 FCFA pourra par exemple être exprimé. Une fois que le cours boursier de l'action en hausse, atteint 15 020, l'exécution de l'ordre d'achat est déclenchée et ledit ordre devient un ordre au marché, exécutable à des cours supérieurs à 15 020;

De même pour l'action Z au dernier cours précédent de 13 500 FCFA au moment de la saisie de l'ordre de vente, le seuil devra être inférieur à ce cours. Un seuil de 13 490 FCFA pourra par exemple être exprimé. Une fois que le cours boursier de l'action en baisse, atteint 13 490, l'exécution de l'ordre de vente est déclenchée et ledit ordre devient un ordre au marché, exécutable à des cours inférieurs à 13 490.

4.2. Ordre à plage de déclenchement

L'ordre à plage de déclenchement est un ordre de bourse pour lequel l'investisseur fixe une fourchette de prix A / B. La première borne de la fourchette s'appelle le « seuil » et la seconde borne, la « limite » au-delà de laquelle l'ordre ne doit pas être exécuté. La plage de déclenchement de l'exécution de l'ordre s'étend du seuil à la limite fixée.

Le seuil spécifié par l'investisseur doit être supérieur au dernier cours de la veille pour un achat, ou inférieur au dernier cours de la veille pour une vente. À l'achat, la limite déterminée lors de la saisie de l'ordre fixe le cours maximum à ne pas dépasser et à la vente le cours en deçà duquel les titres ne doivent pas être vendus.

L'ordre à plage de déclenchement peut donc être exécuté partiellement, voire pas du tout, si le cours du titre s'établit à l'extérieur de la plage de déclenchement déterminée par l'investisseur.

EXEMPLE

Soit une action ABC ayant un dernier cours précédent de 32 750 FCFA. En passant un ordre de vente à plage de déclenchement à 32 700 / 32 550 FCFA, l'investisseur a un ordre de vente qui se déclenche à partir de 32 700 FCFA, mais n'est exécuté que jusqu'à un cours de 32 550 FCFA.

II. SYSTÈMES DE COTATION

Les systèmes de cotation généralement utilisés dans les bourses sont au nombre de deux : la cotation à la criée et la cotation assistée par ordinateur.

1. Cotation à la criée

L'expression des ordres reçus par les agents de change se fait de façon orale. En effet, le coteur ouvre la séance de bourse en appelant une valeur ainsi que son cours de référence.

Les agents de change réunis autour de celui-ci crient "**je prends**" lorsqu'ils ont des ordres d'achat au mieux ou à des limites supérieures ou égales à ce cours.

Ceux qui ont des ordres de vente au mieux ou à des limites de cours inférieures ou égales au cours annoncé par le coteur disent "**j'ai**".

En fonction de l'insistance des acheteurs ou des vendeurs et de l'importance des quantités à négocier à l'achat ou à la vente, le coteur fait varier le cours soit à la hausse, soit à la baisse. L'amplitude de variation des cours sur les valeurs est fonction de chaque marché financier. À la Bourse des Valeurs d'Abidjan par exemple, elle est de 5% du cours de référence avec des paliers de 50 FCFA pour les actions dont le cours est supérieur à 5 000 FCFA et de 25 FCFA pour celles dont le cours est inférieur à 5 000 FCFA.

Le **cours d'équilibre** ou le cours auquel se nouent les accords est celui qui permet le maximum d'échanges possibles. Ce cours est dit cours **coté**.

2. Cotation assistée par ordinateur

La cotation assistée par ordinateur ou cotation électronique est un système moderne de cotation utilisé sur la plupart des grands marchés financiers du monde (New York, Paris, Londres, Tokyo, etc.). Les agents de change, individuellement, transmettent à partir de leurs terminaux d'ordinateur les ordres recueillis auprès de leurs clients.

L'ordinateur central de la Bourse, pour chaque valeur, procède à la détermination puis à l'affichage du cours d'équilibre et des quantités échangées ainsi que des volumes résiduels résultant de la confrontation des offres et des demandes. Le cours d'équilibre obtenu est celui auquel les transactions se réalisent.

III. MODES DE NÉGOCIATION DES TRANSACTIONS

Les pratiques en matière de négociation des transactions varient d'une bourse à l'autre. On distingue trois modes de négociation des transactions : le marché dirigé par les prix, le marché dirigé par les ordres et le marché hybride.

1. Marché dirigé par les prix

Le Marché dirigé par les prix ou marché de contrepartie, est un marché boursier où les transactions sont organisées autour des intermédiaires boursiers dénommés « teneurs de marché ». Ceux-ci affichent en permanence un prix de vente et un prix d'achat sur des actions. Le prix de vente est celui auquel le teneur de marché accepte de vendre aux investisseurs les titres dont il est spécialiste et le prix d'achat est celui auquel il les achète. Il faut préciser que le prix de vente et le prix d'achat peuvent varier durant la journée en fonction de l'offre et de la demande. Toute personne voulant acheter ou vendre des titres, s'adresse donc à ce fournisseur officiel de liquidité. L'écart entre le prix d'achat et le prix de vente constitue la rémunération de l'établissement teneur de marché. C'est pourquoi, le cours offert est toujours supérieur au cours demandé.

Certaines bourses des valeurs fonctionnent selon le principe du marché du dirigé par les prix. C'est le cas par exemple du London Stock Exchange, du NASDAQ (National Association of Securities Dealers Automated Quotations) et du SESDAQ (Stock Exchange of Singapore Dealing and Automated Quotations).

2. Marché dirigé par les ordres

Le marché dirigé par les ordres ou marché de double enchère, est un marché boursier où les transactions s'effectuent sans intermédiaire dédié. Sur ce marché, il n'existe aucun spécialiste de valeur. Les intermédiaires boursiers ne peuvent prendre position pour leur propre compte. Ils collectent les ordres de vente et d'achat de leurs clients et les confrontent sur un marché centralisé. C'est la confrontation de l'offre et de la demande qui détermine le prix de réalisation des transactions. Le marché dirigé par les ordres fonctionne donc exclusivement avec un carnet d'ordres.

Les confrontations des ordres de bourse peuvent intervenir soit en continu, c'est-à-dire tout au long de la journée, soit une ou deux fois par jour un certain nombre de fois pendant la semaine. Dans ce dernier cas, il s'agit alors d'une cotation au fixing ou fixage.

La plupart des bourses de valeurs fonctionnent aujourd'hui selon le principe du marché dirigé par les ordres. Parmi les principales, on peut citer : l'American Stock Exchange, le Stock Exchange of Mauritius, la Bourse de Tokyo, l'Euronext, la Bourse de Madrid et la Bourse de Toronto.

3. Marché hybride

Le marché hybride ou marché mixte est un marché qui combine les deux précédents modes de négociation des transactions. Il fonctionne avec un carnet d'ordres, mais la contrepartie est également possible avec la mise en œuvre des contrats d'animation des valeurs. Ainsi, un marché pourrait afficher les prix ***de vente*** et d'***achat*** du teneur de marché tout en permettant aux participants sur le marché d'avoir accès aux ordres limites.

Par exemple, le New York Stock Exchange (NYSE) qui était un marché dirigé par les prix. Depuis 2006 et devant la concurrence des marchés électroniques, le NYSE a intégré la cotation dirigée par les ordres (***NYSE Hybrid Market***).

De nos jours tout comme le NYSE, toutes les bourses des valeurs évoluent vers une structure mixte. Ainsi, il n'existe pratiquement plus de marché des actions strictement dirigé par les ordres ou par les prix.

IV. FORMATION DES COURS DE BOURSE

1. Principes

Le mécanisme de formation des cours de bourse, quel que soit le système de cotation au fixing, obéit à cinq principes fondamentaux:

- *Tous les ordres (d'achat ou de vente) au mieux sont exécutés en priorité.*
- *Le cours d'équilibre est celui auquel il y a échange d'un maximum de titres.*
- *Tous les ordres d'achat ayant une limite de prix supérieure au cours d'équilibre sont exécutés de même que les ordres de vente ayant une limite de prix inférieure au cours d'équilibre.*
- *Tous les ordres d'achat ayant une limite de prix inférieure au cours d'équilibre ainsi que les ordres de vente ayant une limite supérieure au cours d'équilibre ne sont pas exécutés.*

- *Les ordres d'achat ou de vente dont la limite de prix est précisément égale au cours coté sont dits à "cours touché".*

EXERCICE

Pour la bourse du jeudi 2 mai xxxx, les ordres enregistrés par intermédiaire en bourse sur les actions PEMA cotées en bourse se présentent ainsi:

1- SGI_1

Achats	Ventes
225 titres au mieux	180 titres au mieux
300 titres à 29 700	45 titres à 43 000
25 titres à 40 000	50 titres à 42 500

2 - SGI_2

Achats	Ventes
500 titres à 41 500	100 titres à 44 000
20 titres à 42 500	90 titres à 45 000
152 titres au mieux	150 titres à 43 000

3 - SGI_3

Achats	Ventes
26 titres à 41 000	25 titres à 43 700
130 titres au mieux	1 062 titres à 72 000
350 titres à 44 000	48 titres au mieux
258 titres à 43 000	27 titres à 44 000
40 titres à 42 500	

4 - SGI_4

Achats	Ventes
125 titres au mieux	35 titres au mieux
180 titres à 42 000	50 titres à 41 000
960 titres à 45 000	25 titres à 42 000

5 - SGI_5

Achats	Ventes
550 titres à 40 900	300 titres à 41 500
	850 titres au mieux

6 - $\underline{SGI_6}$

Achats	Ventes
27 titres au mieux	100 titres à 42 500
95 titres à 42 800	

On précise que le dernier cours de bourse du titre PEMA est 43 000 FCFA.

Quelle sera la valeur de l'action PEMA sachant que l'amplitude de variation des cours du marché des actions est de 5%?

SOLUTION

1) Calcul de l'intervalle de variation du cours de l'action et sélection des ordres

* Cours minimum = 43 000 (1 - 5%) = 40 850

* Cours maximum = 43 000 (1 + 5%) = 45 150

Le cours de l'action PEMA devra alors se situer **entre 40 850** inclus **et 45 150** inclus. Par conséquent, ne sont pas pris en compte dans la détermination du cours d'équilibre à cette séance de cotation les ordres suivants:

Désignation agent de change	Achats	Ventes
1 – SGI_1	300 titres à 29 700 25 titres à 40 000	
2 - SGI_3		1 062 titres à 72 000

2) Détermination du cours de PEMA

Les ordres de bourse sont regroupés et classés en fonction des limites de cours. Rappelons que l'acheteur est toujours **baissier** et le vendeur **haussier**. Pour exprimer cela, le cumul des demandes est fait suivant un ordre décroissant des cours alors que celui des offres s'effectue dans un ordre croissant. Après regroupement et classement des ordres retenus, on obtient le tableau ci-après:

Ordres d'achat	Cumul des ordres d'achat	**Limites de cours**	Cumul des ordres de vente	Ordres de vente	*Quantités résiduelles*
659	659	mieux demandé	2 075	_	1 416
960	1 619	45 000	2 075	90	456
350	**1 969**	**44 000**	**1 985**	**127**	**16**
	1 969	43 700	1 858	25	111
258	2 227	43 000	1 833	195	394
95	2 322	42 800	1 638		684
60	2 382	42 500	1 638	150	744
180	2 562	42 000	1 488	25	1 074
500	3 062	41 500	1 463	300	1 599
26	3 088	41 000	1 163	50	1 925
550	3 638	40 900	1 113		2 525
-	3 638	mieux offert	1 113	1 113	2 525
3 638				2 075	

À 43 000 FCFA, cours de départ de PEMA, on constate que les demandes non satisfaites s'élèvent à 394.

À 43 700 FCFA, celles-ci sont réduites à 111 alors qu'à 44 000 FCFA, les offres inabsorbées se situent à 16 et atteignent 456 titres à 45 000 FCFA.

Il en ressort que le cours auquel le maximum d'échanges (1 969 actions traitées) se réalise et auquel il y a la plus faible quantité résiduelle de titres (16 actions non offertes), est de 44 000 FCFA.

En effet, à ce cours sont satisfaits:

1- ordres d'achat de:

* 659 titres au mieux;
* 960 titres à 45 000 FCFA;
* 350 titres à 44 000 FCFA.

Soit au total 1 969 titres.

2 - ordres de vente de:

* 1 113 titres au mieux;
* 50 titres à 41 000 FCFA;
* 300 titres à 41 500 FCFA;
* 25 titres à 42 000 FCFA;
* 150 titres à 42 500 FCFA;
* 195 titres à 43 000 FCFA;
* 25 titres à 43 700 FCFA;
* 111titres (127 - 16) à 44 000 FCFA.

Soit au total 1 969 titres vendus sur les 1 985 présentés à ce niveau de cours.

Quant aux autres ordres de vente et d'achat, ils demeurent sans suite.

La **valeur de l'action PEMA** au terme de la séance de cotation du 2 mai xxxx est donc **44 000 FCFA**.

2. Cas particuliers: cours indicatifs

Il peut arriver que les ordres enregistrés sur un titre donné soient uniquement des demandes. Dans ces conditions, le cours affiché porte la mention: DM ; DEM pour indiquer qu'à cette limite de cours, le titre est demandé sans contrepartie.

EXEMPLE 1: Cas PEMA

Le cours affiché serait 45 000 DM ou 45 000 DEM

S'agissant des ventes uniquement, le cours est inscrit avec la mention: OF; OFF pour indiquer que le titre est offert sans suite.

EXEMPLE 2: Cas PEMA

Le cours affiché serait 42 800 OF ou 42 800 OFF.

V. AJUSTEMENTS TECHNIQUES DES COURS

1. Chutes techniques

Les chutes techniques ou replis techniques des cours sont des baisses enregistrées à l'occasion d'opérations spécifiques sur les cours des valeurs cotées. Elles ne résultent pas de la confrontation des offres et des demandes de titres mais sont générées par les opérations du type:

- **paiement de dividende** ;
- **augmentation de capital en numéraire** ;
- **augmentation de capital par incorporation de réserves et attribution gratuite d'actions nouvelles** ;
- **fractionnement des actions ou "split"**.

1.1. Paiement de dividende

Le dividende est une fraction de bénéfices que l'Assemblée Générale des actionnaires d'une entreprise décide de distribuer à ceux-ci proportionnellement à la quantité d'actions qu'ils détiennent pour rémunérer leur placement. Le paiement du dividende est matérialisé au niveau du titre par:

- le détachement, pour les actions au porteur, du coupon dont le numéro est indiqué;

- l'estampillage pour les actions nominatives;

- simple virement de fonds pour les titres dématérialisés.

Sur le marché boursier, c'est le cours du titre qui subit l'impact du paiement de dividende.

En effet, on déduit du cours précédent, le montant net du dividende pour obtenir un cours connu sous l'appellation "***cours ex-coupon"*** ou "***cours ex-dividende***". C'est ce cours qui devient le nouveau cours de départ ou cours de référence de l'action ; car il marque le début de la période de jouissance du prochain coupon de dividende attaché à l'action. On peut exprimer cela par la formule suivante:

$$\mathbf{P_{ex-c} = P - D}$$

avec P_{ex-c} : cours ex-coupon;

P : cours précédent;

D : dividende net.

EXERCICE

La société FINA annonce qu'elle mettra en paiement le 04/05/N son dividende de l'exercice N-1. Les renseignements suivants sont donnés:

- Montant brut du dividende = 13 000 FCFA ;

- Taux de l'IRVM (Impôt sur Revenu des Valeurs Mobilières) = 12%;

- Numéro du coupon à détacher = 20.

Quel sera le cours de départ de l'action FINA au 04/05/N si son cours précédent est égal à 52 100 FCFA?

SOLUTION

1) Détermination du montant net du dividende à payer

13 000 (1 - 12%) = 11 440 FCFA

2) Cours de départ de l'action FINA au 04/05/N

52 100 - 11 440 = 40 660 FCFA

40 660 FCFA est le cours ex-coupon; il est inscrit ainsi:**40 660 ex-c**.

1.2. Augmentation de capital en numéraire

1.2.1. Prix d'émission des actions nouvelles

L'augmentation de capital par émission d'actions en numéraire est une opération financière qui se caractérise par un apport d'argent frais dans le capital social de la société en contrepartie de la création d'actions nouvelles. Le prix d'émission desdites actions est généralement compris entre la valeur nominale du titre et son cours de bourse. Il se compose de la valeur nominale majorée d'une **prime d'émission**, expression de la prospérité générée par l'entreprise depuis sa création. Ceci se traduit dans la relation:

$$\mathbf{P = S + P'}$$

avec P : prix d'émission;
S : valeur nominale;
P' : prime d'émission.

N B: Si P' = 0, alors P = S; on parle dans ce cas d'une émission "**au pair**" des actions.

1.2.2. Droit de souscription

À l'occasion de l'augmentation de capital, les anciens actionnaires bénéficient d'un droit préférentiel de souscription qu'ils peuvent soit exercer, soit négocier en bourse. À chaque action ancienne correspond donc un droit de souscription. Sur le plan physique, il est représenté:

- par un coupon "droit de souscription" détachable quand il s'agit des actions au porteur;
- par un "bon de droit" que la société délivre en vue de l'estampillage, lorsqu'il est question des actions nominatives;
- par des jeux d'écriture exprimant les virements de droit dans le cas des actions dématérialisées.

Le porteur du titre participe à la souscription des actions nouvelles émises en fonction de la **quotité** ou parité définie par les conditions de l'accroissement du capital.

La quotité (Q) est alors égale à:

$$\mathbf{Q = \frac{N'}{N}}$$

Ainsi donc, pour souscrire **N'** actions nouvelles, il faut détenir **N** actions anciennes. Mais, il arrive quelquefois que l'actionnaire ne dispose pas de la quantité d'actions lui donnant un nombre exact d'actions nouvelles à souscrire. Le surplus d'actions anciennes (droits) qui ne correspond pas à une action nouvelle entière est dénommé "rompus". Ceux-ci sont négociés dans un compartiment spécial du marché boursier, le "marché des droits " durant toute la période de souscription (environ 30 jours). L'actionnaire peut alors, soit vendre sur ce marché tous ses droits, soit acheter d'autres droits de sorte que l'ensemble lui permette de bénéficier de la souscription d'actions nouvelles complémentaires conformément à la quotité.

La valeur théorique du droit de souscription est:

$$\mathbf{Ds} = \frac{\mathbf{N'(C - P - d)}}{\mathbf{N + N'}}$$

où Ds : valeur théorique du droit de souscription;

N : nombre d'actions anciennes;

N' : nombre d'actions nouvelles;

C : cours des actions anciennes droit attaché;

P : prix d'émission des actions nouvelles;

d : dividende dont les actions anciennes sont seules attributaires à cause du décalage de jouissance.

1.2.3. Cours ex-droit de souscription des actions anciennes

Le détachement du coupon de droit de souscription de l'action ancienne se reflète sur le marché boursier par la déduction du cours du titre, de la valeur du droit détaché. Ceci, en vue de l'assimilation des nouvelles actions aux anciennes. Le **cours ex-droit** ($C_{ex\text{-}drt}$) qui en résulte s'écrit:

$$\mathbf{C_{ex-drt} = C - Ds}$$

Or, $Ds = \frac{N'(C-P-d)}{N+N'}$ Il vient donc $C_{ex-drt} = C - \frac{N'(C-P-d)}{N+N'}$

$$C_{ex-drt} = \frac{C(N + N') - N'(C - P - d)}{N + N'}$$

$$= \frac{CN + CN' - N'C + N'P + N'd}{N + N'}$$

$$\mathbf{C_{ex-drt} = \frac{CN + N'P + N'd}{N + N'}}$$

On remarque que le cours ex-droit de souscription est aussi obtenu en faisant la somme de la capitalisation boursière des actions anciennes et du montant des souscriptions des actions nouvelles, rapportée au nombre total des actions composant le nouveau capital de la société. C'est ce cours qui devient le cours de départ à la prochaine cotation du titre.

EXERCICE

La société anonyme SOC au capital de 1 600 000 000 FCFA divisé en 160 000 actions d'une valeur nominale de 10 000 FCFA est cotée en bourse à 25 000 FCFA. Elle décide d'accroître son capital de 40 000 000 FCFA par l'émission de 40 000 actions nouvelles à 17 500 FCFA. Les actions nouvelles ont la même jouissance que les actions anciennes ex-droit.

Quel est le cours ex-droit de souscription de l'action ancienne le jour de l'opération?

SOLUTION

1) Détermination de la quotité, Q

$$Q = \frac{N'}{N} = \frac{40\,000}{160\,000} = \frac{1}{4}$$

$$\mathbf{Q = \frac{1}{4}}$$

Pour souscrire une (1) action nouvelle, il faut disposer de quatre (4) actions anciennes.

2) Cours théorique du droit de souscription

Les actions nouvelles ont la même jouissance que les actions anciennes ex-droit. Donc le dividende résiduel (**d**) est **nul**.

$$Ds = \frac{N'(C - P - d)}{N + N'} = \frac{1\,(25\,000\ -\ 17\,500)}{4\ +\ 1} =\ 1\,500$$

$$\mathbf{Ds = 1\,500\ FCFA}$$

3) Cours ex-droit de souscription de l'action ancienne SOC

$$C_{ex-drt} = C - Ds = 25\,000 - 1\,500 = 23\,500$$

Ce résultat est aussi obtenu en faisant:

$$C_{ex-drt} = \frac{CN + N'P + N'd}{N + N'} = \frac{(4 \times 25\,000) + (1 \times 17\,500)}{4 + 1}$$

$$= 23\,500$$

$$\mathbf{C_{ex-drt} = 23\,500\ FCFA}$$

1.3. Augmentation de capital par incorporation de réserves et attribution gratuite d'actions

L'entreprise intègre à son capital par simple virement, une partie de ses réserves en créant de nouvelles actions. Le prix d'émission de ces actions est nul; car, elles sont distribuées gratuitement aux actionnaires au prorata du nombre d'actions anciennes que chacun détient.

1.3.1. Droit d'attribution

Les actionnaires au cours de cette opération bénéficient, pour chaque action détenue, d'un droit d'attribution. Celui-ci revêt les mêmes formes que le droit de souscription (cf. page 73).

Un actionnaire qui, à l'issue de l'attribution gratuite d'actions nouvelles, dispose encore des droits non utilisés, peut les céder en bourse sur le marché des droits ou les compléter en achetant des rompus; ce faisant, il se donne l'occasion de bénéficier de l'attribution des actions nouvelles complémentaires.

Le processus de détermination de la valeur théorique du droit d'attribution (**Da**) obéit à la même logique que celui du droit de souscription :

$$\mathbf{Da = \frac{N'(C - d)}{N + N'}}$$

1.3.2. Cours ex-droit d'attribution des actions anciennes

Le cours ex-droit d'attribution est la valeur boursière de l'action ancienne après détachement du coupon de droit matérialisant l'attribution gratuite d'actions nouvelles. Il est égal à la différence entre le cours de bourse et la valeur théorique du droit d'attribution :

$$\mathbf{C_{ex-drt} = C - Da}$$

Or $Da = \frac{N'(C-d)}{N+N'}$ Il vient donc $C_{ex-drt} = C - \frac{N'(C-d)}{N+N'}$

$$= \frac{C(N + N') - N'(C - d)}{N + N'}$$

$$C_{ex-drt} = \frac{CN + N'C - N'C + N'd}{N + N'} = \frac{CN + N'd}{N + N'}$$

$$\mathbf{C_{ex-drt} = \frac{CN + N'd}{N + N'}}$$

EXERCICE

La société BISSAP qui a un capital de 1 000 000 000 FCFA représenté par 200 000 actions de 5 000 FCFA nominal, envisage d'augmenter son capital à 1 750 000 000 FCFA par attribution gratuite de 150 000 actions nouvelles à partir du 11 avril xxxx. Le cours boursier de l'action BISSAP avant la réalisation de l'opération est 55 270 FCFA. On précise que les actions nouvelles ont la même jouissance que les anciennes actions ex-droit.

Quel est le cours ex-droit de l'action BISSAP à cette date?

SOLUTION

1) Calcul de la quotité, Q

$$Q = \frac{N'}{N} = \frac{150\,000}{200\,000} = \frac{3}{4}$$

$$\mathbf{Q = \frac{3}{4}}$$

Pour bénéficier de l'attribution gratuite de trois (3) actions nouvelles, il faut posséder quatre (4) actions anciennes.

2) Cours théorique du droit d'attribution

d = 0; car les nouvelles actions et anciennes actions ont la même jouissance.

$$Da = \frac{N'(C - d)}{N + N'} = \frac{3 \text{ x } 55\,270}{4 + 3} = 23\,687{,}14$$

Da = 23 690 FCFA

3) Cours ex-droit d'attribution de l'ancienne action BISSAP

$C_{ex\text{-}drt} = C - Da = 55\ 270 - 23\ 690 = 31\ 580$

$$\text{Ou } C_{ex-drt} = \frac{CN+N'd}{N+N'} = \frac{55\ 270 \times 4}{4+3} = 31\ 582{,}85$$

$$\mathbf{C_{ex\text{-}drt} = 31\ 580\ FCFA}$$

NB: Une entreprise peut choisir de réaliser les deux types d'augmentation de capital simultanément. Dans ce cas, le processus de détermination du cours ex-droit de l'action ancienne suit la même logique.

1.4. Fractionnement des actions ou "split"

Le fractionnement des actions ou le "split" est une technique consistant à réduire la valeur nominale de l'action d'une société lorsqu'elle est apparue très surévaluée à une certaine époque de son existence. C'est une opération qui aboutit à l'accroissement du nombre de titres composant le capital sans toutefois le modifier. Elle favorise généralement la "démocratisation" du capital. En pratique, on procède à l'estampillage des anciennes actions et à la création de nouvelles actions qui tiennent compte de la nouvelle valeur nominale. Sur le marché boursier, le cours du titre décroît en rapport.

EXERCICE

La société XANTI au capital de 120 000 000 FCFA divisé en 12 000 actions de 10 000 FCFA, nominal, est cotée en bourse à 142 000 FCFA. En vue de favoriser la fluidité des échanges sur les actions de cette société, ses dirigeants ont décidé de réduire la valeur nominale de l'action à 2 500 FCFA.

Quelle sera la nouvelle valeur de ce titre en bourse et la nouvelle quantité de titres composant le capital de XANTI ?

SOLUTION

1) Proportion de réduction

$$\frac{2\ 500}{10\ 000} = \frac{1}{4}$$

2) Nouvelle quantité des actions dans le capital

$$12\ 000 \times 4 = \mathbf{48\ 000\ actions\ XANTI}$$

3) Nouvelle valeur du titre en bourse

$$\frac{142000}{4} = \mathbf{35\ 500\ FCFA}$$

2. Hausses techniques

De même que les baisses techniques, les hausses techniques des cours sont des progressions enregistrées pendant des opérations spécifiques sur les cours des valeurs cotées. Elles ne résultent pas du jeu de l'offre et de la demande, mais d'opérations tels:

- les augmentations de capital par accroissement de la valeur nominale des actions;
- les regroupements d'actions.

2.1. Augmentation de capital par accroissement de la valeur nominale des actions

Afin d'éviter l'apparition des rompus quelquefois pénibles à gérer au moment d'une augmentation de capital et d'autres difficultés liées à une émission d'actions nouvelles, la société peut opter pour l'accroissement de la valeur nominale de ses actions. Pour y arriver, elle incorpore une partie de ses réserves au capital tout en maintenant constant le nombre d'actions initial le constituant. La constatation de la modification du nominal sur le titre se fait par estampillage (inscription de la nouvelle valeur nominale). Le cours boursier s'ajuste dans la même proportion que celle de la valeur nominale.

EXERCICE

La société BOCI au capital de 2 000 000 000 FCFA réparti en 200 000 actions cotées à 15 850 FCFA, porte son capital à 2 400 000 000 FCFA par accroissement de la valeur nominale de 10 000 FCFA.

Quelle est la valeur boursière (V) de l'action au terme de cette opération?

SOLUTION

1*) Nouvelle valeur nominale (S') des actions BOCI*

$$S' = \frac{2\ 400\ 000\ 000}{200\ 000} = 12\ 000$$

2) Valeur boursière de l'action au terme de l'augmentation du capital de BOCI

$$V = \frac{12\ 000 \times 15\ 850}{10\ 000} = 19\ 020$$

V = 19 020 FCFA

2.2. Regroupement d'actions

Quand la valeur nominale de l'action est devenue trop faible par rapport aux conditions économiques du moment, les dirigeants de la société sont conduits à réduire le nombre de titres sans modifier le capital. Il est alors envisagé le regroupement d'actions autant que nécessaire par 2 ou 3 voire plus. Ce fait est matérialisé par l'estampillage sur le titre et la destruction d'actions. Le cours boursier de son côté, suit le même mouvement de hausse que la valeur nominale du titre.

EXERCICE

Dans le but d'augmenter la valeur nominale de ses actions, une société anonyme dont le capital s'élève à 1 500 000 000 FCFA composé de 500 000 actions de valeur nominale 3 000 FCFA, procède au regroupement des titres en 250 000 actions. Le cours de l'action en bourse est 5 460 FCFA avant l'opération.

Calculer le cours de l'action à l'issue de ce regroupement d'actions.

SOLUTION

1) Nouvelle valeur nominale de l'action

$$S' = \frac{1\ 500\ 000\ 000}{250\ 000} = 6\ 000$$

2) Cours de l'action

$$V = \frac{6\ 000 \times 5\ 460}{3\ 000} = 10\ 920 \Leftrightarrow \mathbf{V = 10\ 920\ FCFA}$$

Chapitre IV
ANALYSE DU MARCHÉ DES ACTIONS

Un certain nombre d'indicateurs apparaissent nécessaires voire indispensables pour l'analyse du marché des actions. On peut citer entre autres:

- l'**indice boursier**;
- le **Price-Earnings Ratio** (PER);
- le **taux de rotation**;
- le **taux de rendement**;
- la **capitalisation boursière**;
- le **coefficient " bêta"**.

I- INDICE BOURSIER

1. Définition

Un indice est une grandeur économique qui permet d'apprécier la variation d'une donnée au temps (t) par rapport à sa situation au temps (t-1).

En bourse, l'indice peut être défini comme étant un indicateur de performance du marché. Il est déterminé par la moyenne des cours des actions cotées à un instant (t). En fonction des méthodes de calcul retenues par les bourses, l'on distingue souvent:

- les indices pondérés par les prix,
- les indices pondérés par les capitalisations boursières et
- les indices équipondérés.

1.1. Indice pondéré par les prix

Un indice pondéré par les prix ou indice pondéré par les cours ou encore indice de prix est un indice pour lequel le facteur de pondération considéré, est le cours du titre en bourse. Ainsi, un titre a d'autant plus d'influence que son cours est élevé. Il est obtenu en faisant une moyenne arithmétique des cours.

Les exemples les plus connus d'indice pondéré par les prix sont le Dow Jones Industrial Average (DJIA) de la Bourse de Wall Street et le Nikkei 225 de la Bourse de Tokyo. On le calcule en appliquant la formule mathématique ci-après:

$$I_t = \frac{\sum_{j=1}^{n} P_{jt}}{D_t}$$

Avec I_t : indice au temps (t),
P_{jt} : cours de la société (j) au temps (t) et
D_t : diviseur ajusté au temps (t).

EXERCICE

Sur un marché boursier constitué de 10 sociétés cotées, on a relevé les informations suivantes:

Sociétés	Cours t_0	Cours t_1	Cours t_2
A	750	750	755
B	3 600	3 600	3 600
C	3 200	810	825
D	2 040	2 000	2 000
E	710	710	710
F	1 500	1 505	1 505
G	4 000	4 020	4 010
H	2 895	2 880	2 880
I	2 180	2 180	2 180
J	2 260	2 260	2 260

On précise qu'à la date t_1, la société C a réalisé un fractionnement de ses titres à raison de 4 actions nouvelles pour 1 ancienne.

Déterminer la valeur de l'indice pondéré par les prix aux dates t_0, t_1 et t_2.

Quelle sera la valeur de l'indice pondéré par les prix aux dates t_0, t_1 et t_2 si on lui définit une base de 100 à la date de référence t_0?

SOLUTION

1 - *Valeur de l'indice pondéré par les prix*

$$I_t = \frac{\sum_{j=1}^{n} P_{jt}}{D_t}$$

- ***A la date t_0***

$$I_0 = \frac{750 + 3\,600 + 3\,200 + 2\,040 + 710 + 1\,500 + 4\,000 + 2\,895 + 2\,180 + 2\,260}{10}$$

$$= \frac{23\,135}{10} = 2\,313{,}5$$

$$\mathbf{I_0 = 2\,313{,}5}$$

- ***A la date t_1***

Étant donné le fractionnement du titre C, le cours de référence des titres fractionnés compte tenu de la quotité appliquée, 4 pour 1, sera égal à:

$$\frac{3\,200}{4} = 800$$

Il faut alors ajuster le diviseur, D_t afin de garder constante la valeur de l'indice, de la clôture du marché à t_0 jusqu'à sa réouverture à t_1.

$$I_0 = \frac{750 + 3\,600 + 800 + 2\,040 + 710 + 1\,500 + 4\,000 + 2\,895 + 2\,180 + 2\,260}{D_t}$$

$$= \frac{20\,735}{D_t} = 2\,313{,}5$$

$$\Rightarrow D_t = \frac{20\,735}{2\,313{,}5} = 8{,}9626$$

$$D_t = 8{,}9626$$

A la date t_1, l'indice pondéré par les prix, I_1 est donc égal à:

$$I_1 = \frac{750 + 3\,600 + 810 + 2\,000 + 710 + 1\,505 + 4\,020 + 2\,880 + 2\,180 + 2\,260}{8{,}9626}$$

$$= \frac{20\,115}{8{,}9626} = 2\,244{,}33$$

$$\mathbf{I_1 = 2\,244{,}33}$$

- ***A la date t_2***

$$I_2 = \frac{755 + 3\,600 + 825 + 2\,000 + 710 + 1\,505 + 4\,010 + 2\,880 + 2\,180 + 2\,260}{8{,}9626}$$

$$= \frac{20\,725}{8{,}9626} = 2\,312{,}39$$

$$\mathbf{I_2 = 2\,312,39}$$

2 - Valeur de l'indice pondéré par les prix à base 100 à la date de référence t_0

- ***A la date t_0***

$$I_0 = \frac{2\,313{,}5}{2\,313{,}5} \times 100 = 100$$

$$\mathbf{I_0 = 100}$$

- ***A la date t_1***

$$I_1 = \frac{2\,244{,}33}{2\,313{,}5} \times 100 = 97{,}01$$

$$\mathbf{I_1 = 97,01}$$

- ***A la date t_2***

$$I_2 = \frac{2\,312{,}39}{2\,313{,}5} \times 100 = 99{,}95$$

$$\mathbf{I_2 = 99,95}$$

1.2. Indice pondéré par les capitalisations boursières

L'indice pondéré par les capitalisations boursières ou indice pondéré par les valeurs marchandes ou encore indice de marché est un indice pour lequel le facteur de pondération considéré est la capitalisation boursière. Ainsi, plus la capitalisation boursière d'une entreprise est importante, plus elle a du poids dans l'indice. Il est obtenu en faisant le rapport de la somme des capitalisations boursières (cours de l'action multiplié par le nombre de titres) instantanées des sociétés cotées sur leur capitalisation boursière à une date de référence. La capitalisation boursière de référence qui sert ainsi de base au calcul de l'indice, est ajustée lors des nouvelles introductions ou radiations de société le composant et à l'occasion des opérations sur titres (augmentation ou réduction de capital, fractionnement ou consolidation de titre, etc.). La pratique aujourd'hui est de prendre en compte le **flottant**, et non la capitalisation boursière totale.

L'indice pondéré par les capitalisations boursières est calculé et diffusé par la majorité des marchés boursiers du monde dont la Bourse Régionale des Valeurs Mobilières de l'UEMOA (le BRVM Composite, le BRVM 10), la Bourse de Paris (le CAC 40), la Bourse de Londres (le Footsie 100) et la Bourse de Shanghai (le Shanghai Stock Exchange).

Il s'écrit mathématiquement comme suit:

$$\mathbf{I_t = \frac{\sum_{j=1}^{n} P_{jt}N_{jt}}{\sum_{j=1}^{n} P_{j0}N_{j0}} \times 100 \text{ ou } 1000}$$

Où I_t : indice au temps (t),
P_{jt} : cours de la société (j) au temps (t),
N_{jt} : nombre d'actions de la société (j) en circulation au temps (t),
P_{j0} : cours de la société (j) à la date de référence (0),
N_{j0} : nombre d'actions de la société (j) en circulation à la date de référence (0),

N B: Certains indices prennent également en compte les volumes de transactions.

1.3. Indice équipondéré

L'indice équipondéré est calculé selon le principe d'égalité entre les sociétés qui le constituent. Ainsi, aucune société n'a plus d'importance que l'autre, la pondération étant identique pour chacune d'elles.

Très peu de bourses utilisent cette méthode de calcul d'indice. Parmi celles-ci, on note la Bourse des Valeurs d'Abidjan avec l'indice BVA et l'indice 12 VB.

On le détermine en appliquant la relation mathématique suivante:

$$I_t = I_{t-1} \times \frac{1}{E} \sum_{j=1}^{n} \frac{P_{jt}}{P_{jt-1}}$$

Où I_t : indice au temps (t) ;

I_{t-1} : indice au temps (t-1) ;

E : nombre de sociétés cotées ayant servi de base au calcul ;

P_{jt} : cours de la société (j) au temps (t) ;

P_{jt-1}: cours de la société (j) au temps (t-1).

Sur les marchés financiers, il existe une multitude d'indices en fonction des objectifs visés. Mais à titre d'illustration, nous allons en étudier deux:

- l'**indice général** ou indice composite qui est constitué de l'ensemble des sociétés régulièrement inscrites en bourse. Il mesure donc la tendance générale du marché des titres de capital de la cote. C'est un indice souvent publié sur les marchés émergents telle que la Bourse des Valeurs d'Abidjan où il est dénommé indice général **BVA**, La Bourse Régionale des Valeurs Mobilières où il est connu sous le nom indice **BRVM Composite** et la Bourse de Tunis où il est appelé indice **TUNINDEX**;
- l'**indice qualifié** ou indice de référence qui est déterminé sur la base d'un échantillon de valeurs jugées performantes. Sa composition est révisée selon une périodicité définie par les autorités boursières. C'est le cas de l'indice :
    - **12 VB** qui ne se compose que de 12 valeurs cotées à la Bourse des Valeurs d'Abidjan ;
    - **BRVM 10** qui ne s'établit que sur 10 valeurs cotées à la Bourse Régionale des Valeurs Mobilières de l'UEMOA ;
    - **CAC 40** qui comprend seulement 40 valeurs cotées à la Bourse de Paris ;
    - **FOOTSIE 100** qui ne concerne que 100 valeurs cotées à la Bourse de Londres.

Outre ces deux principaux indices, on peut calculer des **indices sectoriels** pour des entreprises appartenant au même secteur d'activité.

2. Interprétation

L'indice boursier tel qu'il vient d'être défini, est l'expression du degré de confiance des opérateurs économiques dans l'évolution des sociétés inscrites en bourse.

En effet, plus les agents économiques croient aux performances d'une société, plus ils aspirent à l'acquisition des titres de celle-ci ; ce qui a pour conséquence l'accroissement de son cours. Considéré à l'échelle du marché, ce phénomène se traduit par la progression de l'indice boursier. A l'opposé, lorsque les cours des sociétés chutent, cela est reflété par la baisse de l'indice. Un investisseur au vu de l'évolution de cet indicateur, est fondé à s'interroger sur les causes éventuelles de la variation de l'indice afin de mieux orienter sa décision d'investissement.

CIRCONSTANCE D'UTILISATION

L'investisseur utilise cet indicateur pour mesurer les performances d'un marché boursier.

EXERCICE

Le relevé des cours des actions d'une séance de cotation révèle les informations suivantes:

Désignation des valeurs	Nombre d'actions en circulation	Cours précédent	Cours du jour
1 - IC *	1 500 000	29 950	28 670
2 - SA *	100 000	14 950	15 200
3 – SB	3 066 667	10 210	10 210
4 - BB	331 200	14 740	15 470
5 - CA	1 112 792	16 810	16 760
6 - PS	204 376	24 650	24 700
7 - SI	160 000	15 750	15 750
8 - SM	131 600	29 130	N C
9 – TA	720 000	10 040	10 540
10 - SV	80 000	12 430	12 380
11 – SC	383 042	14 940	14 060
12 - BL*	599 742	54 070	54 070
13 - TB *	611 205	52 000	50 000
14 - IB *	400 000	43 800	45 990
15 - LE *	1 610 600	44 610	46 840
16 - OR *	92 200	29 700	29 600
17 - NI *	1 322 225	55 220	55 270
18 - FC *	1 103 520	46 100	48 400
19 - EM	210 103	28 650	28 700
20 - SL	148 000	9 750	9 700
21 - AL *	101 400	30 190	30 190
22 - SO	629 740	20 160	21 160
23 – DV	897 750	24 180	25 380
24 - AR *	873 400	12 890	12 890
25 - VE *	487 200	16 950	16 950
26 - HI	411 008	16 650	16 600
27 – FO	1 040 000	20 000	N C
28 – TU	350 000	4 500	N C
29 – FR	400 000	1 990	suspendue
30 – ZE	300 000	18 100	18 050

**** Valeurs composant l'indice 12 VB.***

A) Calculer les indices équipondérés « BVA » et « 12 VB » sachant qu'à la clôture de bourse de la veille, ils s'affichaient respectivement à 310,66 et 213,89. Interpréter les résultats obtenus.

B) Déterminer l'indice pondéré par les capitalisations boursières dénommé « BRVM Composite ». On précise que l'indice de base s'établit à 100 et que la capitalisation boursière de référence ajustée s'élève à 410 649 302 632 FCFA.

SOLUTION

A) Calcul des indices BVA et 12 VB et interprétation

1 - Calcul des indices

Désignation des valeurs	Cours précédent P_{jt-1}	Cours du jour P_{jt}	P_{jt} / P_{jt-1}
1 - IC *	29 950	28 670	0,9572
2 - SA *	14 950	15 200	1,0167
3 – SB	10 210	10 210	1
4 - BB	14 740	15 470	1,0495
5 - CA	16 810	16 760	0,9970
6 - PS	24 650	24 700	1,0020
7 - SI	15 750	15 750	1
8 - SM	29 130	N C	1
9 – TA	10 040	10 540	1,0498
10 - SV	12 430	12 380	0,9959
11 – SC	14 940	14 060	0,9410
12 - BL*	54 070	54 070	1
13 - TB *	52 000	50 000	0,9615
14 - IB *	43 800	45 990	1,0500
15 - LE *	44 610	46 840	1,0499
16 - OR *	29 700	29 600	0,9966
17 - NI *	55 220	55 270	1,0009
18 - FC *	46 100	48 400	1,0498
19 - EM	28 650	28 700	1,0017
20 - SL	9 750	9 700	0,9948
21 - AL *	30 190	30 190	1
22 - SO	20 160	21 160	1,0496
23 – DV	24 180	25 380	1,0496
24 - AR *	12 890	12 890	1
25 - VE *	16 950	16 950	1
26 - HI	16 650	16 600	0,9969
27 – FO	20 000	N C	1
28 – TU	4 500	N C	1
29 – FR	1 990	suspendue	-
30 – ZE	18 100	18 050	0,9972
TOTAL			29,2076

Rappel: $I_t = I_{t-1} \times \frac{1}{E} \sum_{j=1}^{n} \frac{P_{jt}}{P_{jt-1}}$

On dénombre au total 30 sociétés cotées, mais on n'en considérera que 29 puisque « FR » est suspendue de la cotation.

Indice BVA $= 310{,}66 \times \frac{1}{29} \times 29{,}2076 = 312{,}89 \Rightarrow$ **Indice BVA = 312,89**

$$\text{Indice 12 VB} = 213{,}89 \times \frac{1}{12} \times 12{,}0826 = 215{,}37 \Rightarrow \textbf{Indice 12 VB} = \mathbf{215{,}37}$$

2 - Interprétation

- **Indice BVA**

$$\text{Variation de l'indice BVA} = \frac{312{,}89 - 310{,}66}{310{,}66} \times 100 = +\mathbf{0{,}72\%}$$

L'indice BVA s'établit à 312,89 contre 310,66 précédemment avec un gain de 0,72%. En d'autres termes, les cours des sociétés cotées dans l'ensemble se sont améliorés de 0,72 franc si on les rapporte à 100 francs.

- **Indice 12 VB**

$$Variation\ de\ l'indice\ 12\ VB = \frac{215{,}37 - 213{,}89}{213{,}89} \times 100 = +\mathbf{0{,}69\%}$$

L'indice 12 VB est passé de 213,89 à 215,37 ; soit une hausse de 0,69%. Autrement dit, pour un investissement de 100 francs, effectué globalement sur les 12 valeurs dynamiques, une plus-value de 0,69 franc est enregistrée.

B) Détermination de l'indice BRVM Composite

Désignation des valeurs	Nombre d'actions en circulation (1)	Cours du jour (2)	Capitalisation boursière du jour (1) * (2)
1 - IC *	1 500 000	28 670	43 005 000 000
2 - SA *	100 000	15 200	1 520 000 000
3 – SB	3 066 667	10 210	31 310 670 070
4 - BB	331 200	15 470	5 123 664 000
5 - CA	1 112 792	16 760	18 650 393 920
6 - PS	204 376	24 700	5 048 087 200
7 - SI	160 000	15 750	2 520 000 000
8 - SM	131 600	29 130	3 833 508 000
9 – TA	720 000	10 540	7 588 800 000
10 - SV	80 000	12 380	990 400 000
11 – SC	383 042	14 060	5 385 570 520
12 - BL*	599 742	54 070	32 428 049 940
13 - TB *	611 205	50 000	30 560 250 000
14 - IB *	400 000	45 990	18 396 000 000
15 - LE *	1 610 600	46 840	75 440 504 000
16 - OR *	92 200	29 600	2 729 120 000
17 - NI *	1 322 225	55 270	73 079 375 750
18 - FC *	1 103 520	48 400	53 410 368 000
19 - EM	210 103	28 700	6 029 956 100
20 - SL	148 000	9 700	1 435 600 000
21 - AL *	101 400	30 190	3 061 266 000
22 - SO	629 740	21 160	13 325 298 400
23 – DV	897 750	25 380	22 784 895 000
24 - AR *	873 400	12 890	11 258 126 000
25 - VE *	487 200	16 950	8 258 040 000
26 - HI	411 008	16 600	6 822 732 800
27 – FO	1 040 000	20 000	20 800 000 000
28 – TU	350 000	4 500	1 575 000 000
29 – FR	400 000	suspendue	Suspendue
30 – ZE	300 000	18 050	5 415 000 000
CAPITALISATION TOTALE DU MARCHE			**511 785 675 700**

Rappel: $I_t = \frac{\sum_{j=1}^{n} P_{jt}N_{jt}}{\sum_{j=1}^{n} P_{jo}N_{jo}} \times 100 \text{ ou } 1000$

$$\text{Indice BRVM Composite} = \frac{511\ 785\ 675\ 700}{410\ 649\ 302\ 632} \times 100 = 124{,}63$$

$$\mathbf{Indice\ BRVM\ Composite = 124,63}$$

II. PRICE-EARNINGS RATIO

1. Définition

Le Price-Earnings Ratio (PER) ou ratio cours-bénéfice est un coefficient de capitalisation qui indique le nombre de fois que le cours capitalise les bénéfices réalisés. Il est égal au rapport du cours sur le bénéfice par action. Si le bénéfice pris en compte dans ce calcul est le résultat d'un exercice, le PER pourra indiquer en combien d'exercices le bénéfice rembourse potentiellement le capital investi. Il est déterminé selon la relation suivante:

$$\mathbf{PER} = \frac{\mathbf{P}}{\mathbf{b}}$$

avec P : cours de l'action d'une société ;

b : bénéfice par action.

2. Interprétation

Quand le cours boursier augmente, ceteris paribus, le PER enregistre une hausse et vice versa. Le PER permet à l'investisseur de savoir, par comparaison entre PER des sociétés, quelle est celle dont le titre est bon marché ou non. Pour mieux juger du prix du marché d'un titre, il convient d'établir une comparaison entre le PER de celui-ci et le PER moyen de son secteur d'activité. En fonction de son objectif de rentabilité, l'investisseur peut se fixer un niveau de PER à ne pas excéder. Ce qui lui permet évidemment de passer des ordres à cours limité.

CIRCONSTANCE D'UTILISATION

Cet indicateur est utilisé par l'opérateur économique quand il cherche à savoir en combien de temps il peut récupérer son capital investi dans l'achat des titres.

NB : La même étude est aussi réalisable avec le dividende distribué. L'indicateur dans ce cas, est le **Taux de Capitalisation du Dividende** (TCD). Il est obtenu par la relation mathématique suivante:

$$\mathbf{TCD} = \frac{\mathbf{P}}{\mathbf{d}}$$

avec P : cours de bourse de l'action et d : dividende par action.

EXERCICE

Un opérateur économique désirant investir en bourse hésite entre deux sociétés A et B du même secteur d'activité. Toutefois, on lui fournit les informations suivantes:

- la société A, cotée en bourse à 29 800 FCFA, a réalisé un bénéfice net de 1 417 FCFA par action ;
- le Price-Earnings Ratio de la société B se stabilise à 7,66 alors que celui du secteur d'activité est de 11,47.

Quelle société devra-t-on conseiller à cet investisseur?

SOLUTION

1- Calcul du Price-Earnings Ratio de la société A

$$PER_A = \frac{29\,800}{1\,417} = 21{,}03$$

2- Interprétation

Le PER de la société A est supérieur à celui de la société B qui se chiffre à 7,66. Du point de vue de l'acheteur, la société B est meilleur marché que la société A.

En comparant le PER de ces deux sociétés à celui de leur secteur d'activité, on constate que:

- le PER de la société A (21,03) est supérieur à celui du secteur (11,47);
- le PER de la société B (7,66) est inférieur à celui du secteur (11,47).

La société B donne une espérance de plus-value ; puisque le niveau de son PER comparé à celui de son secteur d'activité, montre qu'elle est encore sous-évaluée.

3 - Conclusion

La société B présente de meilleures perspectives que la société A. On pourrait donc conseiller à l'investisseur l'achat des actions de la **société B**.

III. TAUX DE ROTATION

1. Définition

Le taux de rotation est le rapport du volume des transactions sur le capital en circulation ou le nombre de titres ouvert au public. Exprimé en pourcentage, il est calculé aussi bien pour une valeur donnée que pour l'ensemble du marché boursier. D'une façon générale, il s'écrit comme suit:

$$\mathbf{TR = \frac{VT}{N} \times 100}$$

avec TR : taux de rotation des titres;

VT : volume (en titres) des transactions;

N : nombre de titres mis en circulation.

2. Interprétation

Le taux de rotation mesure le degré de liquidité d'un titre. Plus il est élevé, plus il est appréciable; car cela voudrait dire que d'importants échanges se réalisent sur les actions de cette société.

En effet, lorsqu'un opérateur acquiert un titre, il doit s'assurer de la possibilité de le céder aisément en cas de besoin.

CIRCONSTANCE D'UTILISATION

Ce ratio est utilisé quand l'investisseur ou le gérant de portefeuille voudrait apprécier la possibilité de négocier (acheter ou vendre) facilement des actions.

EXERCICE

Monsieur KOUAO dispose dans son portefeuille des actions de trois sociétés X, Y et Z. En vue de faire face au financement urgent d'une opération dans laquelle il est aussi engagé, il envisage de céder les actions de l'une de ces trois sociétés. On précise que:

- le taux de rotation de la société X est 4,70% ;
- la société Y a enregistré un volume d'échanges de 17 386 actions pour 115 920 mises dans le public.
- S'agissant de la société Z, avec 432 037 titres en circulation, on note un volume de 30 400 actions qui ont changé de mains.

Sur quelle société devra-t-il donner un ordre de vente de ses actions à son intermédiaire en bourse?

SOLUTION

1 - *Calcul des taux de rotation*

Rappel : $TR = \frac{VT}{N} \times 100$

- *Taux de rotation de l'action Y*

$$TR_Y = \frac{17\,386}{115\,920} \times 100 = 14{,}99\% \approx 15\% \Rightarrow \mathbf{TR_Y \approx 15\%}$$

- *Taux de rotation de l'action Z*

$$TR_Z = \frac{30\,400}{432\,037} \times 100 = 7{,}04\% \approx 7\% \Rightarrow \mathbf{TR_Z \approx 7\%}$$

2 - *Interprétation*

Il est possible d'échanger plus facilement 4,70 actions X ; soit à peu près 5 si on en détenait 100 ; environ 15 actions Y sur 100 et 7 actions Z pour 100.

On observe que $\mathbf{TR_Y > TR_Z > TR_X}$.

Monsieur KOUAO devra donc donner à son intermédiaire en bourse un ordre de vente des actions de la **société Y**.

IV. TAUX DE RENDEMENT

1. Définition

Le taux de rendement est la rémunération du capital investi en action. Il est égal à l'inverse du Taux de Capitalisation du Dividende (TCD).

En effet, soit **d**, le dividende payé ou annoncé et **P**, le cours boursier, le taux de rendement **R** s'écrit:

$$\mathbf{R} = \frac{\mathbf{d}}{\mathbf{P}} \times \mathbf{100}$$

$$\text{or TCD} = \frac{\mathrm{P}}{\mathrm{d}} \Rightarrow \mathbf{R} = \frac{\mathbf{1}}{\mathbf{TCD}} \times \mathbf{100}$$

2. Interprétation

Ce ratio détermine le gain en termes de retour sur investissement. Il s'apparente au taux d'intérêt d'un placement bancaire ou à celui d'une obligation. Dans le cas des actions, il s'agit du dividende exprimé en pourcentage du cours au moment où l'investissement a lieu. Le dividende étant une fraction du bénéfice réalisé qu'une société répartit entre ses actionnaires. En tant que tel, le dividende est un revenu variable de l'action ; car il dépend du résultat réalisé par la société.

CIRCONSTANCE D'UTILISATION

Ce ratio permet de déterminer le pourcentage de gain que l'actionnaire obtient grâce aux dividendes.

EXERCICE

La société BOKAR dont le cours boursier est 14 600 FCFA, a procédé à une augmentation de son capital qui passe de 3 000 000 000 à 4 000 000 000 FCFA par incorporation de réserves et attribution gratuite d'actions nouvelles à raison d'une action nouvelle pour trois anciennes. Elle annonce le paiement d'un dividende de 1 200 FCFA par action. On précise que les actions nouvelles ont la même jouissance que les actions anciennes.

Une autre société COMIT cotée à 15 850 FCFA vient de distribuer à ses actionnaires 2 500 FCFA par action de dividende.

Quelle est la société au rendement le plus attractif?

SOLUTION

1 - Détermination du taux de rendement (R)

a) La société BOKAR

- calcul de la rémunération (d)

* Valeur théorique du droit d'attribution

$$\text{Da} = \frac{14\ 600}{1+3} = 3\ 650 \Rightarrow \text{Da} = 3\ 650 \text{ FCFA}$$

* Part du dividende attaché au droit d'attribution

$$\frac{1\ 200}{3} = 400 \text{ FCFA}$$

d = 1 200 + 3 650 + 400 = 5 250 ⇒ d = 5 250 FCFA

$$R_{\text{BOKAR}} = \frac{5\ 250}{14\ 600} \times 100 = 35{,}96\% \Rightarrow R_{\text{BOKAR}} = 35{,}96\%$$

b) La société COMIT

$$R_{\text{COMIT}} = \frac{2\ 500}{15\ 850} \times 100 = 15{,}77\% \Rightarrow R_{\text{COMIT}} = 15{,}77\%$$

2 - Interprétation

R_{BOKAR} = 35,96% ⇒ Avec 100 FCFA investis sur les actions BOKAR 35,96 FCFA sont attendus comme rémunération du capital.

R_{COMIT} = 15,77% ⇒ En acquérant des actions COMIT à 100 FCFA, la rémunération est de 15,77 FCFA.

3 - Conclusion

$R_{BOKAR} > R_{COMIT}$ ⇒ La société BOKAR offre un rendement plus attractif.

V. CAPITALISATION BOURSIÈRE

1. Définition

La capitalisation boursière ou valeur marchande est une variable qui mesure la surface boursière d'une société cotée. Elle est égale au produit du cours boursier du titre par le nombre d'actions formant le capital. En d'autres termes, soit **N**, le nombre d'actions constituant le capital, **P**, le cours boursier du titre, la capitalisation boursière, **CB** est:

$$CB = N \times P$$

2. Interprétation

La capitalisation boursière oriente l'opérateur en bourse qui recherche la sécurité de son investissement à travers la taille des sociétés cotées. Plus elle est élevée, plus le placement est sécurisé.

Elle est variable puisqu'elle est liée au cours qui lui-même, est très variable. La capitalisation boursière est également utilisée pour comparer les marchés boursiers par la taille.

CIRCONSTANCE D'UTILISATION

Cet indicateur sert, entre autres, à apprécier la sécurité de l'investissement à travers la taille de la valeur marchande de la société cotée.

EXERCICE

Calculer la capitalisation boursière d'une société ayant un capital social de 1 000 000 000 FCFA réparti en 200 000 actions de 5 000 FCFA, nominal. On précise que ladite société est cotée en bourse à 30 000 FCFA.

SOLUTION

La capitalisation boursière, CB de la société est:

CB = 30 000 x 200 000 = 6 000 000 000 ⇒ **CB = 6 000 000 000 FCFA**

VI. COEFFICIENT "BÊTA"

1. Définition

Le coefficient "bêta" est un indicateur de la volatilité ou du **risque systématique** d'un titre par rapport à l'ensemble du marché. Ainsi, il permet d'apprécier le risque que prend un opérateur économique en acquérant ou en cédant une action en bourse. Ce risque est appréhendé par le degré de fluctuation du cours du titre face à celles du marché boursier. Mathématiquement, il se définit comme étant le rapport de la covariance de la rentabilité du titre avec celle du marché et de la variance de la rentabilité du marché; soit:

$$\beta = \frac{\mathbf{Cov}(\mathbf{r_t}, \boldsymbol{r_t})}{\mathbf{Var}(\boldsymbol{r_t})}$$

En développant cette formule, on obtient ceci:

$$\beta = \frac{\sum_{t=1}^{n} \mathrm{r_t} r_t - \mathrm{n}\bar{\mathrm{r}}\,\bar{r}}{\sum_{t=1}^{n} r_t^2 - \mathrm{n}\bar{r}^2}$$

où $\mathrm{r_t}$: la rentabilité d'une action au temps t;
r_t: la rentabilité du marché au temps t;
$\bar{\mathrm{r}}$: la rentabilité moyenne d'une action;
$\bar{r}$: la rentabilité moyenne du marché.

2. Interprétation

Plus β est élevé en valeur absolue, plus le résultat de l'action est grand pour une même variation des résultats du marché et le risque est plus important. Ainsi, lorsque :

- **β > 1,** l'action fluctue plus que le marché, mais dans le même sens que celui-ci ;
- **0 < β ≤ 1,** l'action fluctue moins que le marché, mais dans le même sens que celui-ci ;
- **- 1 < β ≤ 0,** l'action fluctue moins que le marché, mais en sens contraire que celui-ci ;
- **β ≤ - 1,** l'action fluctue plus que le marché, mais en sens contraire que celui-ci.

CIRCONSTANCE D'UTILISATION

Ce ratio permet de mesurer le risque pour l'investisseur de vendre à perte les titres qu'il a acquis.

EXERCICE

M. KANE a l'intention d'acquérir en bourse soit des actions ASKIA, soit celles de la société BECA toutes deux composant l'indice qualifié 12 VB. Mais, il veut être éclairé sur le risque que présentent les actions de chacune des deux sociétés.

Les renseignements suivants sont donnés:

- le β de ASKIA est 0,85 avec une rentabilité moyenne de 2,5%.
- le tableau ci-dessous retrace les cours du titre BECA ainsi que les niveaux de l'indice 12 VB.

Mois	Indice 12 VB	Cours BECA
Décembre	120,61	29 460
Janvier	121,20	29 520
Février	125,45	30 150
Mars	128,43	31 210
Avril	144,91	35 970
Mai	170,30	43 480
Juin	192,33	45 400
Juillet	212,21	50 980
Août	211,32	52 405
Septembre	201,03	52 170
Octobre	190,33	48 475
Novembre	182,55	41 580
Décembre	199,26	48 110

Conseillez utilement M. KANE.

SOLUTION

1 - Calcul du coefficient bêta (β) de la société BECA

Mois	Indice 12 VB	Cours BECA	rentabilité du marché (r_t)	r_t^2	rentabilité de l'action BECA (r_t)	r_t^2	$r_t\,\mathrm{r}_t$
Décembre	120,61	29 460	-	-	-	-	-
Janvier	121,20	29 520	0,489 %	0,000024	0,204 %	0,000004	0,000010
Février	125,45	30 150	3,507 %	0,001230	2,134 %	0,000455	0,000748
Mars	128,43	31 210	2,375 %	0,000564	3,516 %	0,001236	0,000835
Avril	144,91	35 970	12,832 %	0,016466	15,252 %	0,023261	0,019571
Mai	170,30	43 480	17,521 %	0,030699	20,879 %	0,043591	0,036582
Juin	192,33	45 400	12,936 %	0,016734	4,416 %	0,001950	0,005712
Juillet	212,21	50 980	10,336 %	0,010684	12,291 %	0,015106	0,012704
Août	211,32	52 405	-0,419 %	0,000018	2,795 %	0,000781	-0,000117
Septembre	201,03	52 170	-4,869 %	0,002371	-0,448 %	0,000020	0,000218
Octobre	190,33	48 475	-5,323 %	0,002833	-7,083 %	0,005016	0,003770
Novembre	182,55	41 580	-4,088 %	0,001671	-14,224 %	0,020232	0,005814
Décembre	199,26	48 110	9,154 %	0,008379	15,705 %	0,024664	0,014376
TOTAL	-	-	54,451 %	0,091673	55,435 %	0,136317	0,100223

$$\bar{r} = \frac{54,451\%}{12} = 4,538\% \qquad \bar{\mathrm{r}} = \frac{55,435\%}{12} = 4,619\%$$

$$\beta_{BECA} = \frac{0{,}100223 - 12 \times 4{,}538\% \times 4{,}619\%}{0{,}091673 - 12 \times 4{,}538\%^2} = 1{,}12$$

$$\beta_{BECA} = 1{,}12$$

2– Interprétation

- $\beta_{BECA} = 1{,}12 \Rightarrow \beta_{BECA} > 1$, l'action BECA fluctue plus que le marché, mais dans le même sens que celui-ci.
- $\beta_{ASKIA} = 0{,}85 \Rightarrow 0 < \beta_{ASKIA} \leq 1$, l'action ASKIA fluctue moins que le marché, mais dans le même sens que ce dernier.

Par ailleurs, on constate que $\beta_{BECA} > \beta_{ASKIA}$; l'action BECA présente plus de risque que l'action ASKIA.

3– Conclusion

M. KANE a intérêt à opter pour l'action ASKIA s'il souhaite prendre un risque moindre sachant que ce titre est assorti du taux de rentabilité le plus faible, soit 2,5% contre 4,62% pour l'action BECA.

Troisième partie
OBLIGATIONS

Chapitre I
PRÉSENTATION

I. GÉNÉRALITÉS

1. Définition d'une obligation

Une obligation est une fraction d'emprunt émis par une personne morale: État, organisme para-étatique, société publique et société privée. C'est un **titre de créance** qui donne à son détenteur des droits tels que:

- le droit au remboursement du prêt octroyé à l'échéance,
- le droit à la cession des titres en bourse,
- le droit à la communication des procès-verbaux et feuilles de présence des assemblées générales de la masse des obligataires,
- le droit à encaisser à une date déterminée, les intérêts promis.

Ceux-ci n'étant pas fonction des résultats réalisés par l'émetteur, sont en général constants. Voilà pourquoi on dit que l'obligation est une **valeur mobilière à revenu fixe**.

2. Caractéristiques physiques

Tout comme une action, une obligation se présente physiquement sous la forme soit nominative; soit au porteur. Quelle que soit la forme physique du titre, on y retrouve les mentions suivantes : la désignation de l'émetteur, le numéro d'ordre du certificat, la désignation de la garantie, la valeur nominale de l'obligation, le taux d'intérêt nominal, la date de jouissance, la durée de vie de l'emprunt et la signature des administrateurs. Un certificat d'obligation comporte toujours deux parties distinctes matérialisant d'une part, le capital ou le principal qui correspond à la créance effective de l'obligataire sur l'émetteur du titre et d'autre part, les intérêts représentés par des coupons détachables pour l'obligation au porteur ou par des cases à estampiller s'agissant de l'obligation nominative.

Les deux formes d'obligation sont illustrées ci-après:

Obligation au porteur

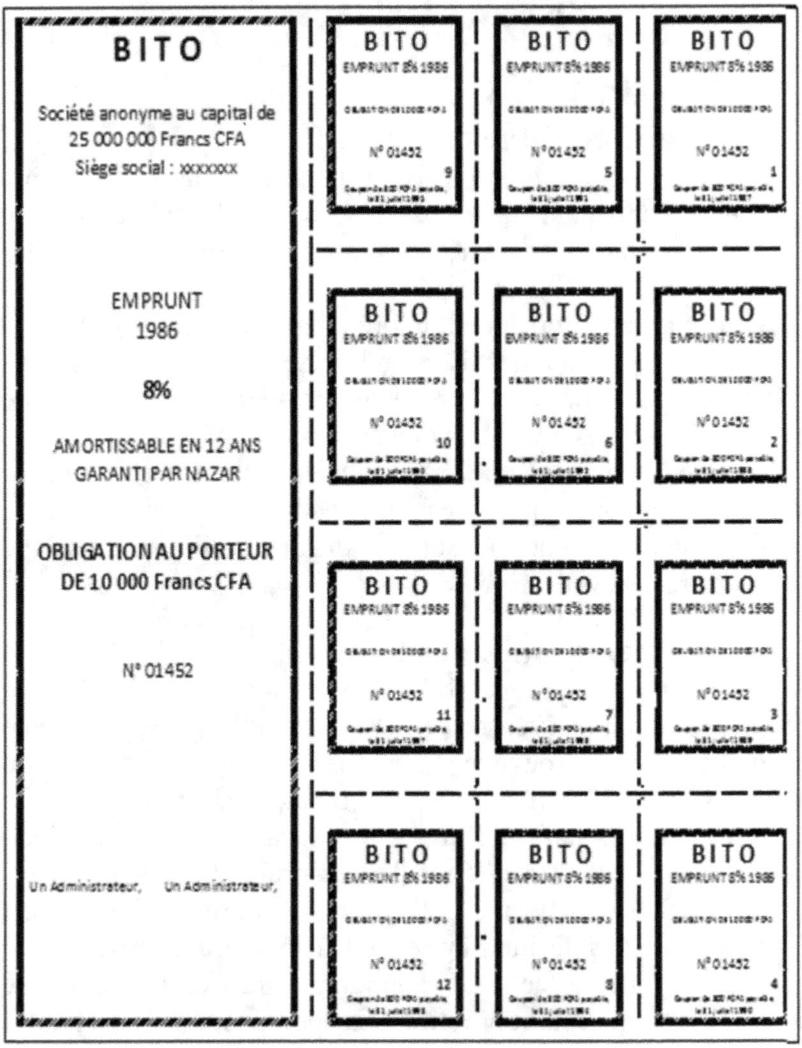

Obligation nominative

LEA

Société anonyme au capital de 1 000 000 Francs CFA

Siège social : xxxxxxxxxx

EMPRUNT 10% 1988

GARANTI PAR KASO

AMORTISSEMENT EN 12 ANS à partir du 31 Décembre 1988

Numéro du certificat ☐ Nombre de titres ☐

Certificat Nominatif d'Obligations de Dix Mille Francs CFA

REMBOURSABLE AU PAIR

M ____ est inscrit(e) sur les registres de l'émetteur comme propriétaire de __________ obligations 10% de dix mille Francs CFA, chacune portant les numéros suivants : ___________

Jouissance au 1er janvier 1988

_______, le ___________ 20 ___

Un Administrateur, Un Administrateur,

POINTAGE

12 1999 Intérêt Capital	11 1998 Intérêt	10 1997 Intérêt	9 1996 Intérêt	8 1995 Intérêt	7 1994 Intérêt
6 1993 Intérêt	5 1992 Intérêt	4 1991 Intérêt	3 1990 Intérêt	2 1989 Intérêt	1 1988 Intérêt

3. Caractéristiques techniques

Les principales caractéristiques d'une obligation sont la valeur nominale, le prix d'émission, la date de jouissance, le prix de remboursement, le taux d'intérêt nominal, la durée de vie, les modalités de remboursement, la garantie et l'émetteur.

3.1. Valeur nominale

La valeur nominale d'une obligation ou « valeur faciale » est la valeur d'une obligation au moment de son émission. Elle est inscrite sur le titre physique et sert de base au calcul du montant des intérêts.

3.2. Prix d'émission

Le prix d'émission est le prix payé par le souscripteur de l'obligation. Il est généralement égal à la valeur nominale du titre. L'émission du titre dans ce cas, est dite « **au pair** ».

Quelquefois afin d'intéresser l'investisseur, l'émetteur peut décider d'offrir une prime au souscripteur. Pour ce faire, il fixe le prix d'émission du titre « **en dessous du pair** ». Ladite **prime d'émission** est donc égale à la différence entre le prix d'émission et la valeur nominale de l'obligation.

L'émetteur peut également émettre ses obligations à un prix supérieur à la valeur nominale. L'émission de l'emprunt obligataire est alors dite « **au-dessus du pair** ».

3.3. Date de jouissance

La date de jouissance est la date de départ des intérêts. En d'autres termes, c'est la date à partir de laquelle l'on commence à calculer les intérêts qui seront payés à l'obligataire.

Elle est à distinguer de la « date de règlement » encore appelée « date de paiement » qui correspond à la date de versement des fonds par l'émetteur au profit du détenteur de l'obligation. En pratique, ces deux dates peuvent coïncider ou être différentes en fonction des règles et procédures en vigueur sur les marchés obligataires.

3.4. Prix de remboursement

Le prix de remboursement correspond au montant remboursé à l'obligataire à l'échéance. Il est souvent égal à la valeur nominale ou « au pair ».

Toutefois afin d'intéresser l'investisseur, il arrive que l'émetteur s'engage à rembourser le titre à un prix supérieur à la valeur nominale ou « au-dessus du pair ». Il se dégage alors une **prime de remboursement** qui est égale à la différence entre le prix de remboursement et la valeur nominale de l'obligation.

L'obligataire bénéficie d'une **double prime** si le prix de remboursement est supérieur au prix d'émission et si celui-ci est inférieur à la valeur nominale. La double prime qui est alors égale à la différence entre le prix de remboursement et le prix d'émission, est composée de la prime d'émission et de la prime de remboursement.

Le prix de remboursement peut être aussi lié à l'évolution d'un indicateur économique prédéfini lors de l'émission du titre.

3.5. Taux d'intérêt nominal

Le taux d'intérêt nominal ou taux facial est le taux apparent qui s'applique sur la valeur nominale afin de déterminer la valeur du coupon. C'est la rémunération qu'offre l'émetteur à l'investisseur pendant la durée de l'emprunt. Il est exprimé en pourcentage et dépend du **taux d'inflation**, du **taux de base**, de l'**écart conjoncturel** et du **risque**. Il est fixe ou variable et payable sur une base annuelle, semestrielle, trimestrielle ou même mensuelle conformément aux termes du contrat d'émission de l'obligation.

3.6. Durée de vie

La durée de vie de l'obligation correspond au nombre d'années compris entre la date de jouissance et celle du dernier remboursement. Elle varie souvent entre 2 et 30 ans. Lorsqu'on est à la date d'émission, elle est égale à la **maturité** qui peut être définie comme étant la durée de vie résiduelle du titre.

3.7. Modalités de remboursement

Les modalités de remboursement ou systèmes d'amortissement indiquent comment l'émetteur envisage d'honorer le remboursement de sa dette vis-à-vis de l'investisseur. Il existe une diversité de modalités de remboursement. L'émetteur a la possibilité soit de rembourser son emprunt en une seule fois et à la fin de la durée de vie, on parle d'amortissement ou de remboursement « in fine », soit d'adopter un autre plan de remboursement.

Ce point sera plus développé dans la partie du présent chapitre, consacrée aux systèmes d'amortissement.

3.8. Garantie

L'émission d'un emprunt obligataire est consécutive et subordonnée à la présentation d'une garantie assurée soit par un État, soit par un organisme financier, soit par un pool bancaire, etc. La qualité de la garantie présentée par l'émetteur ajoute un plus à la sécurité du placement.

3.9. Émetteur

Les obligations sont émises par une personne morale. Celle-ci peut être un État, un organisme para-étatique, un organisme supranational, une entreprise publique ou une société privée. C'est fondamentalement la qualité de l'émetteur qui fonde la sécurité d'une obligation.

En effet, plus un émetteur d'obligations est dit « sûr », plus la probabilité qu'il honore ses engagements vis-à-vis de ses créanciers est élevée. Les risques liés à sa solvabilité sont exprimés à travers une note que lui attribue une agence de notation. Plusieurs agences de notation opèrent à travers le monde; mais les plus importantes connues sont Moody's et Standard & Poor's. A titre d'illustration, nous présentons ci-dessous les grilles de notation qu'elles ont définies:

Echelle de notation Moody's et Standard & Poor's

Moody's	Standard & Poor's	Signification
Aaa	AAA	Excellente aptitude à assurer le service et le remboursement de la dette
Aa	AA	Créances de haute qualité, risque très faible pour l'investisseur
A	A	Forte aptitude aux paiements, risque faible pour l'investisseur
Baa	BBB	Moindre qualité de crédit mais risque actuellement faible
Ba	BB	Possibilité d'apparition de risque pour l'investisseur
B	B	Existence d'un risque pour l'investisseur
Caa	CCC	Possibilité de défaut est perceptible
Ca	CC	Risque important de défaut, créance très spéculative
C	C	Défaut de paiement constaté

II. DIFFÉRENTES CATÉGORIES D'OBLIGATION

Il existe une grande variété d'obligations. Mais, nous allons en étudier les principales que sont les obligations classiques, les obligations à taux variable, les obligations indexées, les obligations convertibles en actions, les obligations remboursables en actions, les obligations à coupon zéro et les obligations à bon de souscription d'actions.

1. Obligations classiques

Les obligations classiques sont les obligations ordinaires caractérisées par un taux d'intérêt fixe connu d'avance.

Il est promis au souscripteur le paiement des intérêts à une date précise qui est également connue d'avance et le remboursement de la somme empruntée. Le remboursement du capital se réalise conformément à un mode d'amortissement préalablement choisi. Il est à noter que ni le montant des intérêts à payer, ni le capital à rembourser, ne demeure alors constant jusqu'à l'échéance.

2. Obligations à taux variable

Les obligations à taux variable sont des obligations dont le taux d'intérêt est indexé sur un indicateur du marché monétaire ou du marché obligataire. Celui-ci est périodiquement révisé pendant toute la durée de l'emprunt, en fonction du taux de référence adopté. Parmi les taux de référence couramment utilisés, l'on a :

- le Taux Moyen des Obligations émises sur le marché primaire (TMO),
- le Taux de rendement Moyen des emprunts d'État échangés sur le marché secondaire (TME),
- le Taux d'Echéance Constante (TEC) et
- le Taux Moyen Mensuel du Marché Monétaire au jour le jour (T4M).

3. Obligations indexées

Ce sont des obligations dont les composantes évoluent en fonction d'un paramètre de référence choisi au préalable par l'émetteur. En effet, le montant des intérêts et/ou celui du prêt à percevoir par l'obligataire sont liés à l'évolution des facteurs tels que le chiffre d'affaires de l'entreprise, le prix d'un bien (or, diamant, etc.), le volume de production d'une entreprise et autres.

4. Obligations convertibles en actions

Les obligations convertibles sont celles qui, à un moment donné de leur existence, offrent à leur détenteur la possibilité d'être transformées en actions de la société émettrice.

Le taux d'intérêt fixe est généralement inférieur à celui des obligations classiques en raison de l'existence d'une plus-value potentielle. Le prix d'émission par contre, est supérieur au cours de bourse de l'action.

Les modalités de changement de nature du titre sont précisées dans le contrat d'émission.

5. Obligations remboursables en actions

Les obligations remboursables en actions sont systématiquement remboursées en actions de la société émettrice à l'échéance selon une parité définie dans le contrat d'émission. Il est à préciser qu'ici, l'opération d'échange n'est pas optionnelle pour le détenteur de l'obligation comme c'est le cas avec les obligations convertibles en actions.

6. Obligations à coupon zéro

Les obligations à coupon zéro ou à « coupon détaché » sont des obligations qui ne donnent pas droit au paiement des intérêts pendant toute leur durée de vie. Il s'agit d'obligations émises avec un taux d'intérêt nul.

Toutefois, le souscripteur au moment du remboursement de son prêt, bénéficie d'une plus-value. Celle-ci résulte de la différence entre le prix du remboursement de l'obligation et celui de son émission; la valeur de remboursement du titre étant supérieure au prix payé à la souscription.

7. Obligations à bon de souscription d'actions

Les obligations à bon de souscription d'actions (OBSA) sont des obligations classiques à taux fixe, assorties d'un droit de souscrire une ou plusieurs actions nouvelles à émettre par la société émettrice dans le cadre d'une future augmentation de capital. Ainsi, le souscripteur desdites obligations est également un potentiel actionnaire. Les conditions de souscription sont déterminées à l'avance par le contrat d'émission.

III. SYSTÈMES D'AMORTISSEMENT

L'émetteur rembourse son emprunt obligataire selon les modalités édictées dans le contrat d'émission. Les méthodes de remboursement sont variées. Ainsi, en dehors de celles couramment utilisées comme l'amortissement in fine, l'amortissement par annuités constantes et l'amortissement par séries égales, un émetteur peut également recourir à d'autres formes de remboursement. Il s'agit par exemple **du rachat en bourse et du remboursement anticipé.**

1. Amortissement in fine

Ce type d'amortissement est celui selon lequel le remboursement de l'emprunt s'effectue en **une seule fois, et à la fin du contrat**. S'agissant des intérêts, ils sont versés aux détenteurs d'obligations à une date fixe chaque année. L'amortissement in fine est la forme de remboursement la plus simple. Il est utilisé souvent par les émetteurs qui anticipent une amélioration des cash-flows à la date d'exigibilité de l'emprunt.

Soit **i**, le taux d'intérêt annuel; **K**, le montant des capitaux placés, l'intérêt $\mathbf{I_1}$ payé à la première année s'écrit:

$$I_1 = K \times i$$

L'intérêt payé chaque année étant constant sur la durée de l'emprunt, **I**, la somme des intérêts en **n** années est:

$$\mathbf{I = n \times K \times i}$$

L'amortissement **A** du capital intervenant seulement à la fin du contrat, la somme des annuités **a** versées sur les **n** années, durée de vie de l'emprunt obligataire est:

$$a = A + I$$

Puisque A = K, on a alors:

$$\mathbf{a = K(1 + n \times i)}$$

Le tableau d'amortissement qui en résulte est le suivant:

Années	Titres en circulation	Capital	Titres à amortir	Remboursements du capital	Intérêts	Annuités
1	N	K	-	-	$I_1 = K \times i$	$a_1 = I_1$
2	N	K	-	-	$I_2 = K \times i$	$a_2 = I_2$
.	.	.	-	-	.	.
j	.	.	-	-	$I_j = K \times i$	$a_j = I_j$
.	.	.	-	-	.	.
n	N	K	A'=N	A = K	$I_n = K \times i$	$a_n = A + I_n$

EXERCICE

La société DIBY émet un emprunt obligataire d'un montant de 5 000 000 000 FCFA représenté par 500 000 obligations de 10 000 FCFA, nominal au taux 9,5% l'an.

Les caractéristiques de cette opération sont les suivantes:

1 - Date de jouissance: 1er mai 1995;

2 - Durée: 5 ans;

3 - Type d'amortissement: Amortissement in fine.

Quel sera le montant total que Monsieur ZOKOUE percevra à compter de la date de son placement jusqu'au 15 mai 1998 pour les 250 obligations DIBY 9,5% 1995 qu'il a souscrites au moment du lancement de l'opération?

SOLUTION

Le montant des intérêts payés à chaque échéance est identique d'une échéance à l'autre. Ainsi périodiquement, l'émetteur versera à l'ensemble des obligataires:

$$I = 5\,000\,000\,000 \times 9{,}5\% = 475\,000\,000$$
$$I = \mathbf{475\,000\,000\ FCFA}$$

Le tableau d'amortissement de cet emprunt se présente ainsi:

Années	Titres en circulation	Capital (millions FCFA)	Titres à amortir	Intérêts (millions FCFA)	Remboursements (millions FCFA)	Annuités totales (millions FCFA)
1996	500 000	5 000	-	475	-	475
1997	500 000	5 000	-	475	-	475
1998	500 000	5 000	-	475	-	475
1999	500 000	5 000	-	475	-	475
2000	500 000	5 000	500 000	475	5 000	5 475

Puisque l'emprunt obligataire est amorti in fine, de la première à la quatrième année, l'obligataire n'aura droit seulement qu'aux intérêts (I). S'agissant des 250 obligations DIBY 9,5% 1995, Monsieur ZOKOUE percevra, de la date de souscription jusqu'au 15 mai 1998:

* Cumul des intérêts au 30 avril 1998

$$I' = \frac{475\,000\,000 \times 3 \times 250}{500\,000} = 712\,500 \Rightarrow \mathbf{I'} = \mathbf{712\,500\ FCFA}$$

*** Intérêts courus du 1er au 15 mai 1998**

$$I'' = \frac{475\,000\,000 \times 15 \times 250}{500\,000 \times 365} = 9\,760 \Rightarrow \mathbf{I'' = 9\,760\ FCFA}$$

*** Total des intérêts dus à Monsieur ZOKOUE au 15 mai 1998**

$$I = I' + I'' = 712\,500 + 9\,760 = 722\,260$$

$$\mathbf{I = 722\,260\ FCFA}$$

2. Amortissement par annuités constantes

Le paiement des intérêts et le remboursement du capital s'effectuent simultanément à une période précise de l'année. Le montant de la somme versée qui comprend à la fois les intérêts et une partie du capital, demeure constant tout au long de la vie de l'emprunt. Pour évaluer le coût global de son emprunt obligataire, l'émetteur actualise les annuités à payer.

Afin d'effectuer le remboursement des obligations amorties, l'émetteur en pratique, peut adopter entre autres procédés, celui du tirage au sort. Les obligations dont les numéros ont été tirés, sont alors retirées de la circulation.

Soit $\mathbf{K_0}$, la valeur actuelle du capital emprunté, $\mathbf{K_n}$, la valeur acquise par l'emprunt au bout de la période **n**, durée de vie de l'emprunt, **i**, le taux d'intérêt à verser et **a**, l'annuité, on obtient:

$$K_n = a\frac{(1+i)^n - 1}{i}$$

En outre, on sait par définition que $K_0 = K_n(1+i)^{-n}$

Par conséquent

$$\mathbf{a = \frac{K_0 \times i}{1 - (1+i)^{-n}}}$$

L'intérêt ($\mathbf{I_j}$) qui est versé à l'obligataire à l'instant **j** s'écrit :

$$\mathbf{I_j = K_j \times i}$$

Avec $\mathbf{K_j}$, le montant du capital restant dû à l'époque **j**.

L'amortissement ($\mathbf{A_j}$) du capital au temps **j** est obtenu à travers la relation:

$$\mathbf{A_j = a - I_j}$$

A l'aide des informations présentées plus haut, l'on peut construire un tableau d'amortissement.

Années	Titres en circulation	Capital	Titres à amortir	Remboursements du capital	Intérêts	Annuités
1	N_1	K_1	A'_1	$A_1 = a - I_1$	$I_1 = K_1 \times i$	a
2	N_2	K_2	A'_2	$A_2 = a - I_2$	$I_2 = K_2 \times i$	a
.	.	.	.	.	.	.
.	.	.	.	.	.	.
.	.	.	.	.	.	.
n	N_n	K_n	A'_n	$A_n = a - I_n$	$I_n = K_n \times i$	a

EXERCICE

L'État de KIBO émet en juin 1994 un emprunt obligataire d'une durée de 7 ans dénommé ALIS 11% 1994 d'un montant global de 14 000 000 000 FCFA divisé en 1 400 000 obligations de 10 000 FCFA, nominal.

Sachant que cet emprunt est amorti par annuités constantes, quel est le nombre de titres restant en circulation 5 ans plus tard?

SOLUTION

1 - Détermination des différents paramètres de l'amortissement de l'emprunt à la première année:

* Annuité

$$a = \frac{14\,000\,000\,000 \times 11\%}{1 - (1 + 11\%)^{-7}} = 2\,971\,013\,700 \text{ FCFA}$$

* Intérêts versés la première année

$$I_1 = 14\,000\,000\,000 \times 11\% = 1\,540\,000\,000 \text{ FCFA}$$

* Premier remboursement du capital

$$A_1 = 2\,971\,013\,700 - 1\,540\,000\,000 = 1\,431\,013\,700 \text{ FCFA}$$

2 - Tableau d'amortissement de l'emprunt ALIS 11% 1994

Années	Titres en circulation	Capital (FCFA)	Titres à amortir	Remboursements du capital (FCFA)	Intérêts (FCFA)	Annuités (FCFA)
1995	1 400 000	14 000 000 000	143 101	1 431 013 700	1 540 000 000	2 971 013 700
1996	1 256 899	12 568 986 300	158 843	1 588 425 207	1 382 588 493	2 971 013 700
1997	1 098 056	10 980 561 093	176 315	1 763 151980	1 207 861 720	2 971 013 700
1998	921 741	9 217 409 113	195 710	1 957 098 698	1 013 915 002	2 971 013 700
1999	726 031	7 260 310 416	217 238	2 172 379 554	798 634 146	2 971 013 700
2000	**508 793**	5 087 930 861	241 134	2 411 341 305	559 672 395	2 971 013 700
2001	267 659	2 676 589 556	267 659	2 676 588 849	294 424 851	2 971 013 700

Après les cinq premières années d'amortissement, le nombre de titres restant en circulation est de **508 793 obligations ALIS 11% 1994**.

3. Amortissement par séries égales

La valeur de remboursement de l'emprunt est constante à chaque échéance durant toute sa vie.

Comme dans les cas précédents, la sélection des obligations amorties peut se faire par tirages au sort. Une fois tirées au sort, lesdites obligations sont retirées de la circulation.

L'émetteur peut aussi procéder à un amortissement par la valeur nominale. Dans ce cas, le nombre d'obligations en circulation ne varie pas jusqu'à l'échéance finale. En revanche, la valeur nominale du titre est réduite progressivement de façon constante jusqu'à la fin de la durée de vie de l'emprunt.

Soit **K**, le montant du capital emprunté et **n**, la durée de vie de l'emprunt, l'amortissement **A** est égal:

$$\mathbf{A} = \frac{\mathbf{K}}{\mathbf{n}}$$

L'intérêt ($\mathbf{I_j}$) versé à l'échéance **j** est obtenu par le produit du taux d'intérêt nominal (**i**) et du capital restant dû avant l'amortissement à cette époque.

$$\mathbf{I_j = (K_{j-1} - A) \times i}$$

L'annuité totale ($\mathbf{a_j}$) à l'échéance **j** est égale à la somme des intérêts payés et du montant de l'amortissement.

$$\mathbf{a_j = A + I_j}$$

Il ressort de ce processus, le tableau d'amortissement suivant :

Années	Titres en circulation	Capital	Titres à amortir	Remboursements du capital	Intérêts	Annuités
1	N_1	K_1	A'_1/n	$A_1 = K/n$	$I_1 = K_1 \times i$	$a_1 = A_1 + I_1$
2	$N_2 = N_1 - A_1$	$K_2 = K_1 - A_1$	A'_2/n	$A_2 = K/n$	$I_2 = K_2 \times i$	$a_2 = A_2 + I_2$
.	.		.		.	.
.	.		.		.	.
.	.		.	.	.	.
j	$N_j = N_{j-1} - A_{j-1}$	$K_j = K_{j-1} - A_{j-1}$	A'_j/n	$A_j = K/n$	$I_j = K_j \times i$	$a_j = A_j + I_j$

EXERCICE

La société KRO a émis sur 10 ans depuis 1976 un emprunt obligataire KRO 8% 1976 dont le montant global s'élève à 12 000 000 000 FCFA. Cet emprunt est représenté par 1 200 000 obligations de 10 000 FCFA, nominal amorties par séries égales.

Quelle est la valeur de la 7ème annuité encaissée par un détenteur de 750 obligations?

SOLUTION

1- Détermination des différentes composantes de l'emprunt à la première année d'amortissement:

* amortissement annuel

$$A = \frac{12\,000\,000\,000}{10} = 1\,200\,000\,000$$

$$\mathbf{A = 1\,200\,000\,000\ FCFA}$$

* intérêt à l'année 1

$$I_1 = 12\,000\,000\,000 \times 8\% = 960\,000\,000$$

$$\mathbf{I_1 = 960\,000\,000\ FCFA}$$

* annuité à l'année 1

$$a_1 = 1\,200\,000\,000 + 960\,000\,000 = 2\,160\,000\,000$$

$$\mathbf{a_1 = 2\,160\,000\,000\ FCFA}$$

2- Tableau d'amortissement de l'emprunt obligataire KRO 8% 1976

Années	Titres en circulation	Capital (FCFA)	Titres à amortir	Remboursements du capital (FCFA)	Intérêts (FCFA)	Annuités (FCFA)
1977	1 200 000	12 000 000 000	120 000	1 200 000 000	960 000 000	2 160 000 000
1978	1 080 000	10 800 000 000	120 000	1 200 000 000	864 000 000	2 064 000 000
1979	960 000	9 600 000 000	120 000	1 200 000 000	768 000 000	1 968 000 000
1980	840 000	8 400 000 000	120 000	1 200 000 000	672 000 000	1 872 000 000
1981	720 000	7 200 000 000	120 000	1 200 000 000	576 000 000	1 776 000 000
1982	600 000	6 000 000 000	120 000	1 200 000 000	480 000 000	1 680 000 000
1983	480 000	4 800 000 000	120 000	1 200 000 000	384 000 000	1 584 000 000
1984	360 000	3 600 000 000	120 000	1 200 000 000	288 000 000	1 488 000 000
1985	240 000	2 400 000 000	120 000	1 200 000 000	192 000 000	1 392 000 000
1986	120 000	1 200 000 000	120 000	1 200 000 000	96 000 000	1 296 000 000

A la 7ème année pour les 750 obligations KRO 8% 1976, on note:

* intérêts perçus

$$I_7 = \frac{384\ 000\ 000 \times 750}{480\ 000} = 600\ 000 \Rightarrow \mathbf{I_7} = \mathbf{600\ 000\ FCFA}$$

* amortissement annuel

$$A = \frac{750 \times 10\ 000}{10} = 750\ 000 \Rightarrow \mathbf{A} = \mathbf{750\ 000\ FCFA}$$

* valeur de la 7ème annuité

$$a_7 = 600\ 000 + 750\ 000 = 1\ 350\ 000 \Rightarrow \mathbf{a_7} = \mathbf{1\ 350\ 000\ FCFA}$$

4. Autres formes d'amortissement

4.1. Rachat en bourse

Le rachat des obligations en bourse par l'émetteur est rendu possible si cette clause est prévue dans le contrat d'émission. Il permet à la société émettrice de racheter ses obligations quand les cours boursiers de celles-ci sont inférieurs au prix de remboursement. Les titres rachetés sont retirés de la circulation puis annulés.

En général, c'est au maximum 50% des obligations en circulation qui sont amorties suivant cette technique.

4.2. Remboursement anticipé

Tout comme le rachat en bourse, le remboursement anticipé ne peut être appliqué que s'il est prévu dans le contrat d'émission. Les émetteurs ont recours souvent à ce mode de remboursement, lorsque les taux d'intérêt sont bas sur le marché. Ils procèdent alors à un remboursement anticipé de l'emprunt en cours pour lancer un nouvel emprunt en profitant des conditions favorables qui leur sont offertes.

Chapitre II
MARCHÉ DES OBLIGATIONS

Les obligations tout comme les actions, sont des titres pouvant faire l'objet de diverses transactions. Elles sont traitées aussi bien sur le marché primaire que sur le marché secondaire des marchés financiers. Dans ce chapitre, nous allons étudier successivement leurs différents modes d'émission, comment elles sont évaluées, les conditions à remplir en vue de leur admission à la cote et les méthodes de cotation qui leur sont appliquées sur les marchés boursiers.

I. MODES D'ÉMISSION DES OBLIGATIONS

Sur le marché primaire des obligations, interviennent non seulement les émetteurs publics tels que l'État, les Organismes supranationaux, les Collectivités locales et les Entreprises publiques mais également, les entreprises privées comme les Établissements financiers et les Sociétés non financières. L'émission des titres y est effectuée suivant deux techniques: l'**adjudication** et la **syndication**.

1. Adjudication

L'adjudication est une technique d'émission des obligations par laquelle l'émetteur procède à la vente aux enchères de celles-ci. Elle est généralement utilisée pour le placement des obligations d'État telles que les « **Obligations Assimilables du Trésor** » (OAT).

Le Trésor en tant qu'émetteur pour le compte de l'État, publie le montant indicatif de l'emprunt obligataire à émettre. En contrepartie, les Spécialistes en Valeurs du Trésor (SVT) ou Intermédiaires en Valeurs du Trésor (IVT) expriment les montants et les taux soumis. Et les lignes d'émission sont adjugées aux plus offrants.

Les SVT ou IVT sont des établissements de crédit ou des intermédiaires en bourse agréés. Ils sont les seuls habilités à participer aux adjudications des obligations émises par l'État. Une fois l'émission réalisée, ils revendent les titres acquis à leurs clients et en assurent la liquidité du marché secondaire.

L'adjudication minimise le coût du placement des obligations pour l'émetteur. Celui-ci ne verse aucune commission aux SVT qui se rémunèrent grâce à la marge réalisée sur la revente des titres.

Il existe deux types d'adjudication: l'adjudication à la Française et l'adjudication à la Hollandaise.

1.1. Adjudication à la Française

L'adjudication à la Française ou l'adjudication à prix marginal est une procédure consistant à servir toutes les soumissions retenues au même prix.

En effet après le dépouillement des propositions d'achat, il se dégage un prix minimum appelé prix marginal auquel l'émetteur servira l'adjudicataire quel que soit son prix de soumission, pourvu que celui-ci soit supérieur ou égal audit prix marginal.

1.2. Adjudication à la Hollandaise

L'adjudication à la Hollandaise ou l'adjudication à prix scellés ou encore l'enchère à prix multiples est une technique dont le principe consiste à servir chaque soumission retenue au prix demandé. Ainsi, le prix payé par les investisseurs n'est pas unique comme dans la précédente procédure.

EXERCICE

Un État souhaite émettre un emprunt obligataire OAT pour un montant compris entre FCFA 110 et 115 milliards.

Les montants (en millions de FCFA) assortis des taux soumis par les 8 adjudicataires sont consignés dans le tableau ci-après:

Prix de soumission	Montant total demandé à ce prix	Prix moyen pondéré	Taux actuariel pondéré	ADJUDICATAIRES							
				1	2	3	4	5	6	7	8
101,03	5 750	101,03	5,59%		2 350		1 580		1 820		
101,02	41 373	101,02	5,60%	1 950	7 203	21 546		10 254		420	
101,01	2 500	101,02	5,60%				1 050				1 450
101,00	7 020	101,02	5,60%	3 210			1 826			1 984	
100,99	710	101,02	5,60%								710
100,98	8 508	101,01	5,61%			2 000		670	4 200		1 638
100,97	2 505	101,01	5,61%	1 550				955			
100,96	3 000	101,01	5,61%			1 020				1 980	
100,95	31 370	100,99	5,63%	16 710			6 450				8 210
100,94	12 080	100,99	5,63%		3 910				5 608	2 562	
100,93	2 620	100,98	5,63%					2 620			
100,92	16 300	100,98	5,64%		6 200				4 140	5 960	
100,92	2 500	100,98	5,64%	2 500							
100,91	26 717	100,96	5,65%	4 790			10 852		11 075		
100,87	4 215	100,96	5,65%								4 215
100,85	3 100	100,96	5,66%		1 799	1 301					
100,78	10 575	100,95	5,67%			2 445		2 780		5 350	
TOTAL				30 710	21 462	28 312	21 758	17 279	26 843	18 256	16 223

1) Déterminer le prix marginal du marché.
2) Quel est le taux de service à la tranche limite?
3) A quel(s) prix l'émetteur devra-t-il servir les soumissions dans chacune des procédures suivantes:
   a) L'adjudication à la Française?
   b) L'adjudication à la Hollandaise?

SOLUTION

1) Détermination du prix marginal du marché

Étant donné que le montant de l'emprunt obligataire OAT à émettre est compris entre FCFA 110 et 115 milliards, l'émission sera déclarée non concluante si à l'issue de l'adjudication, le montant total soumis est inférieur à FCFA 110 milliards.

En revanche, si le montant des soumissions est supérieur à FCFA 115 milliards, l'émission sera dite concluante et réalisée à concurrence dudit montant maximum.

Prix de soumis-sion	Montant total demandé à ce prix	Montant cumulé des demandes	Prix moyen pondéré	Taux actuariel pondéré	ADJUDICATAIRES							
					1	2	3	4	5	6	7	8
101,03	5 750	5 750	101,03	5,59%		2 350		1 580		1 820		
101,02	41 373	47 123	101,02	5,60%	1 950	7 203	21 546		10 254		420	
101,01	2 500	49 623	101,02	5,60%				1 050				1 450
101,00	7 020	56 643	101,02	5,60%	3 210			1 826			1 984	
100,99	710	57 353	101,02	5,60%								710
100,98	8 508	65 861	101,01	5,61%			2 000		670	4 200		1 638
100,97	2 505	68 366	101,01	5,61%	1 550				955			
100,96	3 000	71 366	101,01	5,61%			1 020				1 980	
100,95	31 370	102 736	100,99	5,63%	16 710			6 450				8 210
100,94	12 080	114 816	100,99	5,63%		3 910				5 608	2 562	
100,93	**2 620**	**117 436**	**100,98**	**5,63%**					**2 620**			
100,92	16 300	133 736	100,98	5,64%		6 200				4 140	5 960	
100,92	2 500	136 236	100,98	5,64%	2 500							
100,91	26 717	162 953	100,96	5,65%	4 790			10 852		11 075		
100,87	4 215	167 168	100,96	5,65%								4 215
100,85	3 100	170 268	100,96	5,66%		1 799	1 301					
100,78	10 575	180 843	100,95	5,67%			2 445		2 780		5 350	
TOTAL		180 843			30 710	21 462	28 312	21 758	17 279	26 843	18 256	16 223
TOTAL SERVI		115 000			23 420	13 463	24 566	10 906	12 063	11 628	6 946	12 008

Lorsqu'on fait le cumul des montants demandés par ordre décroissant des prix, il en résulte que le montant maximum de FCFA 115 milliards à placer sur le marché est atteint au prix limite de 100,93.

Le prix marginal du marché est donc égal à **100,93**. A ce prix minimum, le montant total servi est FCFA 115 milliards et le prix moyen pondéré est de 100,98. Ce qui correspond à un taux actuariel de 5,63%.

2) Taux de service à la tranche limite

- Montant à servir au prix marginal 100,93.

$$115\ 000\ 000\ 000 - 114\ 816\ 000\ 000 = 184\ 000\ 000$$

- La tranche limite étant de FCFA 2 620 000 000, le taux de service est donc:

$$\frac{184\ 000\ 000 \times 100}{2\ 620\ 000\ 000} = 7{,}02\%$$

Taux de service à la tranche limite = **7,02%**

NB: S'agissant des soumissions ayant des limites de prix au-dessus du prix marginal, elles seront entièrement servies; soit à 100%.

3) Prix auquel l'émetteur devra servir les soumissions

a) Adjudication à la Française

Conformément au principe de l'adjudication à la Française, toutes les soumissions retenues seront servies au même prix.

Ainsi donc, les soumissions dont les prix varient de 101,03 à 100,93, seront toutes servies au prix unique de **100,93** qui est le prix marginal.

b) Adjudication à la Hollandaise

L'adjudication à la Hollandaise permet de servir les soumissions retenues au prix demandé.

Par conséquent, les soumissions d'un montant total de:

- 5 750 000 000 à 101,03 seront entièrement servies à **101,03**;
- 41 373 000 000 à 101,02 seront entièrement servies à **101,02**;
- 2 500 000 000 à 101,01 seront entièrement servies à **101,01**;
- 7 020 000 000 à 101,00 seront entièrement servies à **101,00**;
- 710 000 000 à 100,99 seront entièrement servies à **100,99**;
- 8 508 000 000 à 100,98 seront entièrement servies à **100,98**;
- 2 505 000 000 à 100,97 seront entièrement servies à **100,97**;
- 3 000 000 000 à 100,96 seront entièrement servies à **100,96**;
- 31 370 000 000 à 100,95 seront entièrement servies à **100,95**;

- 12 080 000 000 à 100,94 seront entièrement servies à **100,94** et
- 2 620 000 000 à 100,93 seront servies à hauteur de 184 000 000 à 100,93.

2. Syndication

La technique de syndication requiert la mise en place d'un syndicat de placement ou réseau placeur qui organise et assure le placement des obligations auprès des investisseurs. Un **syndicat de placement** est un pool bancaire dirigé par un chef de file choisi par l'émetteur. Il s'engage à garantir le succès de l'émission grâce à des prises fermes. L'émission par syndication permet de définir le prix auquel les titres seront offerts au public. C'est une technique couramment utilisée par les entreprises publiques et privées.

Contrairement à l'adjudication, l'émission par syndication nécessite que l'émetteur verse une « commission de placement » aux banques pour les rémunérer.

II. ÉVALUATION D'UNE OBLIGATION

Le prix d'une obligation correspond à la somme des flux de trésorerie actualisés que le titre procure à son propriétaire. En d'autres termes, il est égal à la valeur actuelle des flux d'intérêt (coupons) et du remboursement du principal. Pour le déterminer, l'investisseur se sert d'un taux d'intérêt de référence sélectionné sur le marché, comme taux d'actualisation. Il s'agit par exemple du :

- Taux Moyen des Obligations émises sur le marché primaire (TMO) et
- Taux de rendement Moyen des emprunts d'État échangés sur le marché secondaire (TME).

1. Actualisation des annuités

Il s'agit de trouver la valeur actuelle des annuités à percevoir ou des flux futurs de trésorerie en tenant compte du taux de rémunération retenu.

Soit **r**, le taux d'actualisation, **a**, l'annuité non échue, **a'**, la valeur des annuités actualisées et **n**, le nombre d'années restant à courir, on a :

$$\mathbf{a'} = \sum_{j=1}^{n} \mathbf{a_j(1 + r)^{-j}}$$

2. Prix de l'obligation

Le prix de l'obligation en pourcentage de la valeur nominale est obtenu en faisant le rapport de la somme des annuités actualisées sur la valeur de l'encours de l'emprunt obligataire. Ainsi, l'on a:

$$\mathbf{P = \frac{a'}{E} \times 100}$$

Avec **P**, la valeur réelle de l'emprunt à son admission en bourse et **E**, le montant de l'encours de l'emprunt obligataire.

<u>EXERCICE</u> (suite de l'exercice à la page 119)

Un an après l'émission de son emprunt, la société KRO décide de son introduction en bourse. Le taux de rémunération maximum de l'épargne en banque à cette époque, se situe à 9%. Par ailleurs, le taux de rendement actuariel moyen des emprunts cotés et qui présentent les mêmes caractéristiques s'établit à 7,75%.

1- Quel est le cours d'introduction en bourse de l'emprunt obligataire KRO 8% 1976?

2- Interpréter le résultat obtenu.

<u>SOLUTION</u>

1- Détermination du cours d'introduction

La recherche d'un cours d'introduction de l'emprunt KRO 8% 1976 conduit à ceci:

* *Choix du taux de rémunération*

Le taux qui rémunère le mieux l'investissement d'un acquéreur éventuel de l'obligation est celui pratiqué dans les banques: **9%**

* *Actualisation des annuités*

$$\begin{aligned} a' = {} & 2\,064\,000\,000(1.09)^{-1} + 1\,968\,000\,000(1.09)^{-2} \\ & + 1\,872\,000\,000(1.09)^{-3} \\ & + 1\,776\,000\,000(1.09)^{-4} \\ & + 1\,680\,000\,000(1.09)^{-5} \\ & + 1\,584\,000\,000(1.09)^{-6} \\ & + 1\,488\,000\,000(1.09)^{-7} \\ & + 1\,392\,000\,000(1.09)^{-8} \\ & + 1\,296\,000\,000(1.09)^{-9} \\ & = 10\,399\,366\,000 \text{ F CFA} \end{aligned}$$

* *Cours d'introduction*

- En pourcentage de la valeur nominale

$$P = \frac{10\,399\,366\,000}{10\,800\,000\,000} \times 100 = \mathbf{96{,}29\%}$$

- En valeur absolue

$$P = 96{,}29\% \times 10\,000 = \mathbf{9\,629\ FCFA}$$

Le cours d'introduction en bourse de l'emprunt obligataire KRO 8% 1976 est donc de 96,29% de sa valeur nominale; soit 9 629 FCFA.

2- Interprétation

Pour obtenir un rendement de 9%, l'acquéreur d'une obligation de l'emprunt KRO 8% 1976 devra payer 96,29% de la valeur nominale du titre; ce qui donne en termes de capitaux 9 629 FCFA.

III. CONDITIONS D'ADMISSION A LA COTE

L'admission en bourse d'un emprunt obligataire est conditionnée par un certain nombre de facteurs. Il s'agit généralement de la:

- taille de l'emprunt émis,
- diffusion des obligations dans le public,
- situation financière de l'émetteur de l'emprunt sur une période donnée,
- présentation d'une garantie ou d'une note attribuée par une agence de notation de crédit.

Toutefois, il est à noter que les critères d'admission des obligations à la cote varient d'une bourse à une autre.

EXEMPLES

*** A NYSE Euronext**

- Lors de l'admission à la cote, le montant nominal des obligations de sociétés doit s'élever à au moins 200 000 euros.
- Des états financiers certifiés, correspondant au moins aux trois dernières années, doivent être présentés.
- Le prospectus doit avoir été visé par une Autorité réglementaire de marché.

NB: L'Entreprise de marché NYSE Euronext concernée peut exiger, comme condition à l'admission à la cote ou à la négociation, que les obligations d'entreprise en question soient notées par une agence de notation de crédit ou peut exiger qu'une garantie pour le montant principal et les intérêts soit fournie par une société mère ou par une tierce partie.

*** A la Bourse de Casablanca**

Peuvent être inscrits à la cote de la Bourse des Valeurs, dans un compartiment distinct, les titres de créance négociables représentatifs d'émissions répondant aux conditions suivantes:

- porter sur un montant minimum de 20 millions de Dirhams. Ce montant minimum peut être modifié, sur proposition de la Société Gestionnaire, et après avis du Conseil Déontologique des Valeurs Mobilières, par arrêté du Ministre chargé des finances ;
- porter sur une durée supérieure à 2 ans ;
- émaner d'une personne morale dont les états de synthèse des deux derniers exercices sont certifiés.

*** A Ghana Stock Exchange**

- Les titres d'emprunt d'une société sont admis au compartiment des obligations si le montant total de la valeur nominale des obligations émises s'élève à au moins un (1) million GH Cedis ou si lesdits titres sont détenus par au moins 50 personnes.
- Il n'est prescrit aucun niveau minimum de montant nominal d'émission ou de nombre de détenteurs de titres pour l'admission des titres d'État au compartiment des obligations.
- Les titres d'emprunt, autres que les titres d'État, dont l'admission est demandée doivent être créés et émis en vertu d'un « Trust Deed » dûment approuvé par la Securities and Exchange Commission.

IV. MÉTHODES DE COTATION

La cotation des obligations obéit à la même logique que celle des actions. Il s'agit de rechercher par la confrontation des ordres d'achat et de vente, le cours d'équilibre c'est-à-dire le cours auquel s'échange le maximum de titres.

Toutefois, la particularité de la cotation des titres de cette nature est que le cours peut être aussi exprimé en pourcentage; ce qui permet une comparaison aisée entre les obligations dont les valeurs nominales sont différentes les unes des autres. A ce propos, on distingue deux méthodes de cotation des obligations: la **cotation en pourcentage et au pied du coupon** et la **cotation en pourcentage coupon compris.**

1. Cotation en pourcentage et au pied du coupon

La cotation en pourcentage et au pied du coupon est une méthode de valorisation des obligations qui consiste à les coter déduction faite de tout intérêt couru ou **coupon couru**. Il est à préciser que celui-ci évolue au prorata temporis.

Le **pied du coupon** ou le « cours sec » ou encore « cours nu » de l'obligation est la partie du cours correspondant au principal en bourse. Il est soumis à la loi de l'offre et de la demande et est exprimé en pourcentage de la valeur nominale du titre. Cependant, puisque la transaction entraîne un transfert de propriété du vendeur au profit de l'acquéreur de l'obligation, l'obligataire en vendant ses titres, renonce en même temps à ses droits aux intérêts. En contrepartie il encaisse de la part de l'acheteur, la valeur du coupon couru. Ainsi à l'échéance, l'émetteur ne payera le montant des intérêts produits qu'à l'acquéreur final. Les transactions se réalisent donc à un cours appelé « **cours global** ».

Cours global = cours au pied du coupon + coupon couru

EXERCICE

L'emprunt obligataire BITO 8% 1986 émis sur 12 ans pour un montant global de 2 000 000 000 FCFA réparti en 400 000 obligations de 5 000 FCFA, nominal affiche à la date du 10 juillet 1995 un cours boursier de 75%. On précise que le premier coupon d'intérêt a été détaché, le 1er septembre 1987. Un opérateur qui détenait dans son portefeuille 1 000 obligations BITO 8% 1986 donne un ordre de vente exécuté sur une quantité de 750 à cette date.

Quel est le montant total de vente des 750 obligations étant donné que l'emprunt est coté en pourcentage et au pied de coupon?

SOLUTION

1- Détermination du cours de cession de l'obligation BITO 8% 1986

* Pied du coupon : 5 000 × 75% = **3 750 FCFA**

* Coupon d'intérêt couru

Nombre de jours courus

Si le détachement du premier coupon est intervenu, le 1er septembre 1987, l'on pourrait en déduire que la date de jouissance du

titre est bien cette date-là; car le détachement du coupon intervient généralement à la date anniversaire de jouissance.
Ainsi donc du 1er septembre au 10 juillet 1995, on dénombre **313 jours**.

. *Valeur du coupon couru*

$$\frac{5\,000 \times 8\% \times 313}{365} = 343 \text{ FCFA}$$

* cours global de l'emprunt BITO 8% 1986

$$3\,750 + 343 = 4\,093 \text{ FCFA}$$

2- Montant de la vente des 750 obligations

$$750 \times 4\,093 = 3\,069\,750 \textbf{ FCFA}$$

3- Conclusion

L'opérateur en bourse a cédé, le 10 juillet 1995 les **750 obligations BITO 8% 1986** à **3 069 750 FCFA**.

2. Cotation en pourcentage coupon compris

Le cours global de l'obligation est exprimé en pourcentage de sa valeur nominale.

En effet dans ce cas précis, la cotation des deux composantes du cours (cours sec et coupon couru) s'effectue simultanément. Toutefois, pour évaluer la fraction relative au coupon couru, on la mesure proportionnellement au temps de jouissance écoulé.

EXERCICE

L'emprunt obligataire LEO 12% 1990 dont la valeur nominale s'établit à 10 000 FCFA est coté en bourse coupon compris à 103%. A la clôture de la séance de cotation du 23 août 1994, on note que la valeur a enregistré une plus-value de 5 points de base par rapport à son cours de la veille.

Quel est le cours sec de cette valeur si sa date de jouissance est fixée au 1er juin?

SOLUTION

1- Cours de l'obligation LEO 12% 1990, le 23 août 1994

* En pourcentage

$$103 + 5 = 108\%$$

* En capitaux (FCFA)

$$10\,000 \times 108\% = 10\,800 \text{ FCFA}$$

2- Intérêt couru du 1er juin au 23 août 1994

$$\frac{12\% \times 10\,000 \times 84}{365} = 276 \text{ FCFA}$$

3- Cours sec de l'obligation LEO 12% 1990

$$10\,800 - 276 = 10\,524 \text{ FCFA}$$

4- Conclusion

Le 23 août 1994, l'obligation LEO 12% 1990 cote 108% de sa valeur nominale; soit 10 800 FCFA.

Ce cours se décompose de la façon suivante:

- Cours sec = 10 524 FCFA;
- Intérêt couru du 1er juin au 23 août 1994 = 276 FCFA.

Chapitre III
ANALYSE DU MARCHÉ DES OBLIGATIONS

Afin de lui permettre de prendre une décision adéquate d'investissement, l'investisseur en obligations effectue avant tout, une analyse du marché. Pour ce faire, les spécialistes des marchés obligataires élaborent et mettent régulièrement à la disposition du public des indicateurs de marché. Parmi ceux-ci, il faut noter :

- l'**indice obligataire**;
- le **taux de rotation**;
- le **taux d'intérêt**;
- le **taux de rendement actuariel**;
- la **courbe des taux**;
- le **risque**.

I. INDICE OBLIGATAIRE

1. Définition

Un indice obligataire est un indicateur de performance du marché des obligations au temps (t) par rapport au temps (t-1). C'est un indice pondéré par les capitalisations boursières. A la différence de l'indice boursier, il est influencé par les taux d'intérêt et les échéances des obligations qui le composent. De nombreux indices obligataires sont calculés et publiés sur les marchés financiers par des organismes spécialisés. Il s'agit par exemple du:

- **CFG Bonds** développé par Casablanca Finance Group;
- **Middle Africa Bond Index (MABI)** créé par le Groupe Ecobank pour les marchés obligataires de l'Afrique Subsaharienne, Afrique du Sud non comprise;
- **CSI 50 Bond Index** lancé par China Securities Index CO., LTD;
- **Dow Jones Corporate Bond Index** créé par S&P Dow Jones Indices LLC;
- **FTSE Global Bond Index Series**, une famille d'indices développés par FTSE International Limited. Celle-ci comprend le FTSE Global Government Bond Indices, le FTSE Global Pfandbrief Indices, le FTSE Corporate Bond Indices et le FTSE Euro Emerging Markets Bond Indices et

- **DEX Universe Bond Index** calculé et publié par PC-Bond en vue de mesurer la performance du marché Canadien des valeurs à revenu fixe.

On distingue deux types d'indice: l'**indice de capital** et l'**indice de rendement**.

1.1. Indice de capital

L'indice de capital ou l'indice des prix est un indice pondéré par les capitalisations boursières des obligations. Il est déterminé à partir du cours au pied de coupon et mesure la performance du capital restant dû. On l'obtient par la relation suivante:

$$\mathbf{I_t = I_{t-1} \times \frac{\sum_{j=1}^{n} P_{jt} N_{jt-1}}{\sum_{j=1}^{n} P_{jt-1} N_{jt-1}}}$$

Où I_t : indice au temps (t);
I_{t-1} : indice au temps (t-1);
P_{jt} : cours au pied du coupon de l'obligation (j) au temps (t);
P_{jt-1} : cours au pied du coupon de l'obligation (j) au temps (t-1);
N_{jt-1} : nombre d'obligations (j) en circulation au temps (t-1).

1.2. Indice de rendement

L'indice de rendement est un indice pondéré par les capitalisations boursières, qui tient compte dans sa détermination non seulement du cours au pied du coupon des obligations, mais aussi des coupons courus et des coupons d'intérêt réinvestis sur la période. Il mesure la performance du rendement global des obligations.

Cette catégorie d'indice obligataire est beaucoup utilisée par les gestionnaires de portefeuille d'obligations ou de fonds obligataires.

On l'obtient grâce à la formule mathématique ci-après:

$$I_t = I_{t-1} \times \frac{\sum_{j=1}^{n}(P_{jt} + CC_{jt} + C_{jt})N_{jt-1}}{\sum_{j=1}^{n}(P_{jt-1} + CC_{jt-1})N_{jt-1}}$$

Où I_t : indice au temps (t);

I_{t-1} : indice au temps (t-1);

P_{jt} : cours au pied du coupon de l'obligation (j) au temps (t);

P_{jt-1} : cours au pied du coupon de l'obligation (j) au temps (t-1);

N_{jt-1} : nombre d'obligations (j) en circulation au temps (t-1);

CC_{jt} : coupon couru de l'obligation (j) au temps (t);

CC_{jt-1} : coupon couru de l'obligation (j) au temps (t-1);

C_{jt} : valeur de tout paiement de coupon reçu de l'obligation (j) au temps (t).

2. Interprétation

L'indice obligataire tel qu'il vient d'être défini, représente la valeur composite des obligations qui le constituent. Chacune d'elles contribue à la performance du marché proportionnellement à sa capitalisation boursière. La valeur d'un indice en soi, n'est pas pertinente. Mais ses taux de variation à la hausse ou à la baisse sur une période de temps, indiquent une perspective sur les tendances et les conditions du marché.

En effet, rappelons que le cours d'une obligation permet indirectement de mesurer le niveau des taux de rendement que les opérateurs économiques exigent globalement pour acquérir des créances à long terme sous forme d'obligations. L'évolution desdits taux détermine le degré de confiance des investisseurs face à celle du risque monétaire (degré d'inflation anticipé) et du risque financier (degré de solvabilité des émetteurs de titres). Ainsi, les cours des obligations peuvent croître ou décroître et entrainer une variation de l'indice.

CIRCONSTANCE D'UTILISATION

L'investisseur utilise cet indicateur pour mesurer la performance d'un marché obligataire en capital avec ou sans revenus réinvestis.

EXERCICE

Sur un marché obligataire, on a relevé des informations relatives aux cours des obligations A et B aux dates t_0, t_1, t_2 et t_3. Celles-ci sont présentées dans le tableau ci-après:

	t_0		t_1		t_2		t_3	
Obligations	**Cours au Pied du coupon**	**Coupon Couru**	**Cours au Pied du coupon**	**Coupon Couru**	**Cours au Pied du coupon**	**Coupon Couru**	**Cours au Pied du coupon**	**Coupon Couru**
A	10 108	60,2740	10 119	69,8630	10 129	73,9726	10 140	81,3521
B	9 950	493,1694	10 000	-	10 105	2,7397	10 175	6,8493

Les renseignements complémentaires suivants ont été fournis:

- A t_0, 2 500 000 obligations A et 6 400 000 obligations B sont en circulation.
- A t_1, 2 000 000 nouvelles obligations A ont été émises et un coupon d'intérêt d'un montant de FCFA 500 par obligation B a été payé.
- A t_2, 1 400 000 obligations B sont amorties.
- Un indice obligataire à base 100 à la date de référence t_0 est régulièrement calculé. Celui-ci n'est composé que des deux obligations A et B.
  - a- Calculer la valeur de l'indice de capital aux dates t_1, t_2 et t_3.
  - b- Quelle sera la valeur de l'indice obligataire aux dates t_1, t_2 et t_3 si l'on tient compte des revenus réinvestis?

SOLUTION

a- Valeur de l'indice de capital

$$\mathbf{I_t = I_{t-1} \times \frac{\sum_{j=1}^{n} P_{jt}N_{jt-1}}{\sum_{j=1}^{n} P_{jt-1}N_{jt-1}}}$$

- ***A la date t_1***

$$I_1 = 100 \times \frac{2\,500\,000 \times 10\,119 + 6\,400\,000 \times 10\,000}{2\,500\,000 \times 10\,108 + 6\,400\,000 \times 9\,950} = 100{,}39$$

$$\mathbf{I_1 = 100,39}$$

- ***A la date t_2***

A la date t_1, il y a eu une émission additionnelle de 2 000 000 obligations A. Le nouveau volume d'obligations A en circulation devant servir au calcul de l'indice à la date t_2 s'élève donc à:

$$2\,500\,000 + 2\,000\,000 = 4\,500\,000$$

$$I_2 = 100{,}39 \times \frac{4\,500\,000 \times 10\,129 + 6\,400\,000 \times 10\,105}{4\,500\,000 \times 10\,119 + 6\,400\,000 \times 10\,000}$$

$$\mathbf{I_2 = 101{,}05}$$

- ***A la date t_3***

A la date t_2, 1 400 000 obligations B étant amorties, le nombre de titres restant désormais en circulation est égal à:

$$6\,400\,000 - 1\,400\,000 = 5\,000\,000$$

$$I_3 = 101{,}05 \times \frac{4\,500\,000 \times 10\,140 + 5\,000\,000 \times 10\,175}{4\,500\,000 \times 10\,129 + 5\,000\,000 \times 10\,105}$$

$$\mathbf{I_3 = 101{,}47}$$

b- Valeur de l'indice de rendement

$$\mathbf{I_t = I_{t-1} \times \frac{\sum_{j=1}^{n}(P_{jt} + CC_{jt} + C_{jt})N_{jt-1}}{\sum_{j=1}^{n}(P_{jt-1} + CC_{jt-1})N_{jt-1}}}$$

- ***A la date t_1***

A la date t_1, un coupon d'intérêt d'un montant de FCFA 500 par obligation B a été payé. Cette somme sera réinvestie dans des obligations au même titre que celle du coupon couru de l'obligation A. Ainsi pour le calcul de l'indice, l'on en tiendra compte comme suit:

$$I_1 = 100 \times \frac{2\,500\,000(10\,119 + 69{,}8630) + 6\,400\,000(10\,000 + 500)}{2\,500\,000(10\,108 + 60{,}2740) + 6\,400\,000(9\,950 + 493{,}169)}$$

$$\mathbf{I_1 = 100{,}45}$$

- ***A la date t_2***

A la date t_1, il y a eu une émission additionnelle de 2 000 000 obligations A. Le nouveau volume d'obligations A en circulation se situe donc à:

$$2\,500\,000 + 2\,000\,000 = 4\,500\,000$$

$$I_2 = 100{,}45 \times \frac{4\,500\,000(10\,129 + 73{,}9726) + 6\,400\,000(10\,105 + 2{,}7397)}{4\,500\,000(10119 + 69{,}8630) + 6\,400\,000(10\,000)}$$

$$= 101{,}14$$

$$\mathbf{I_2 = 101,14}$$

- ***A la date t_3***

A la date t_2, l'amortissement de 1 400 000 obligations B entraine la réduction du nombre de titres en circulation à:

$$6\,400\,000 - 1\,400\,000 = 5\,000\,000$$

$$I_3 = 101{,}14 \times \frac{4\,500\,000(10\,140 + 81{,}3521) + 5\,000\,000(10\,175 + 6{,}8493)}{4\,500\,000(10\,129 + 73{,}9726) + 5\,000\,000(10\,105 + 2{,}7397)}$$

$$= 101{,}61$$

$$\mathbf{I_3 = 101,61}$$

II. TAUX DE ROTATION

1. Définition

Le taux de rotation d'une obligation est le rapport du volume des échanges (en titres) sur la quantité de titres non encore amortis.

Soit **VT**, le volume (en titres) des transactions, **N**, le nombre de titres en circulation, le taux de rotation, **TR** est:

$$\mathbf{TR = \frac{VT}{N} \times 100}$$

2. Interprétation

Le taux de rotation des obligations exprime le degré de liquidité du titre sur le marché. Lorsque VT croît, toutes choses étant égales par ailleurs, TR progresse. Le taux de rotation TR est une fonction croissante du volume des transactions VT. En d'autres termes, lorsqu'un taux de rotation est élevé, cela signifierait que d'importants volumes d'échanges se réalisent sur le titre. Dès lors, il est facilement négociable.

CIRCONSTANCE D'UTILISATION

Le taux de rotation permet à l'investisseur de savoir si l'obligation peut se vendre ou s'acheter facilement.

EXERCICE

Un opérateur économique a l'intention d'acquérir en bourse des obligations. Son intermédiaire en bourse lui en propose deux types dont les caractéristiques sont les suivantes:

a) les obligations d'un emprunt de 15 000 000 000 FCFA émis sur 6 ans à un taux d'intérêt annuel de 12% avec un nominal de 100 000 FCFA. Les échanges effectués sur cet emprunt amortissable in fine, s'élèvent en moyenne à 1 100 obligations par séance de bourse;

b) les obligations d'un emprunt de 10 000 000 FCFA remboursé en une seule fois à la fin de la 7ème année. Le cours affiché en bourse est de 68% au pied du coupon et le taux de rotation se situe à 4% par séance de cotation.

Le souhait ardent de cet investisseur est d'acquérir des titres qu'il pourra céder aisément en cas de besoin.

Lequel des deux types d'obligations devra-t-il acheter ?

SOLUTION

1 - *Taux de rotation de la première catégorie d'obligations*

* Nombre d'obligations en circulation

$$N = \frac{15\,000\,000\,000}{100\,000} = 150\,000$$

* Taux de rotation

$$TR_1 = \frac{1\,100}{150\,000} \times 100 = 0.73\% \Rightarrow \mathbf{TR_1 = 0.73\%}$$

Sur 100 obligations en circulation à peine une (1) est échangée en une séance de cotation.

2 - *Choix du type d'obligations*

On sait que le taux de rotation, TR_2 de la deuxième catégorie d'obligations est $\mathbf{TR_2 = 4\%}$.

Sur 100 obligations de la deuxième catégorie, 4 changent de mains par séance de bourse.

On remarque que $\mathbf{TR_2} > \mathbf{TR_1}$; les obligations du deuxième emprunt sont plus liquides que celles de la première catégorie; elles répondent ainsi mieux aux aspirations de l'investisseur.

3- Conclusion

L'opérateur économique devra acheter les obligations du deuxième emprunt.

III. TAUX D'INTERET

Le taux d'intérêt peut se présenter sous diverses formes en fonction des objectifs visés par l'analyste. Ainsi, l'on peut citer entre autres:

- le taux d'intérêt nominal;
- le taux d'intérêt nominal proportionnel;
- le taux d'intérêt équivalent.

1. Définition

1.1. Taux d'intérêt nominal

Le taux d'intérêt nominal est exprimé en pourcentage de la valeur nominale de l'emprunt obligataire. Généralement déterminé sur une base annuelle, il peut être soit fixe pendant toute la durée de vie de l'obligation, soit variable. Il sert à calculer le montant des intérêts que l'emprunteur devra verser à l'obligataire lors du détachement du coupon. On l'obtient comme suit:

$$\mathbf{i = \frac{C}{V} \times 100}$$

avec C, la valeur du coupon versé à l'obligataire ;

V, la valeur nominale de l'obligation ;

i, le taux d'intérêt nominal.

EXEMPLE

Pour calculer les intérêts annuels d'une obligation dont la valeur nominale est de 10 000 FCFA et le taux d'intérêt nominal égal à 5%, on procède ainsi:

$$10\,000 \times 5\% = \mathbf{500}$$

1.2. Taux d'intérêt nominal proportionnel

Il arrive que pour des raisons diverses, le paiement des intérêts annuels soit fractionné en versements périodiques réguliers. Ce fractionnement peut être mensuel, trimestriel ou semestriel. Afin de déterminer la valeur périodique du coupon, on remplace le taux d'intérêt annuel par le taux fractionnaire. Ainsi donc, le taux d'intérêt nominal proportionnel est défini comme étant le taux d'intérêt obtenu en divisant le taux annuel par le nombre d'échéances dans l'année.

En effet, soit **i**, le taux d'intérêt nominal, **n**, le nombre d'échéances dans l'année et $\mathbf{i_p}$, le taux d'intérêt nominal proportionnel par échéance, on a:

$$\mathbf{i_p = \frac{i}{n}}$$

EXEMPLE

On détermine les taux proportionnels semestriel, trimestriel et mensuel d'une obligation ayant un taux d'intérêt annuel de 9%, en effectuant les opérations suivantes:

- Taux proportionnel semestriel

$$i_p = \frac{9}{2} = \mathbf{4{,}5}\%$$

- Taux proportionnel trimestriel

$$i_p = \frac{9}{4} = \mathbf{2{,}25}\%$$

- Taux proportionnel mensuel

$$i_p = \frac{9}{12} = \mathbf{0{,}75}\%$$

1.3. Taux d'intérêt équivalent

Deux taux d'intérêt se rapportant à des échéances différentes sont dits équivalents s'ils produisent des valeurs acquises égales pour un placement initial identique pendant la même durée. Le taux d'intérêt équivalent permet à l'investisseur de comparer le rendement des obligations ayant des taux d'intérêt correspondant à des échéances différentes. Il est déterminé en appliquant la relation mathématique suivante:

$$\mathbf{i_é = (1 + i)^{1/n} - 1}$$

où **i**, le taux d'intérêt nominal; **n**, le nombre d'échéances dans l'année et $\mathbf{i_é}$, le taux d'intérêt équivalent par échéance.

EXERCICE

L'obligation A offre un taux annuel effectif de 6%; l'obligation B génère un taux de 1,5% par trimestre. Laquelle des deux obligations offre-t-elle le meilleur rendement?

SOLUTION

Pour effectuer la comparaison des taux offerts, il faut les évaluer sur une même échéance. Ainsi, le taux trimestriel équivalent au taux annuel effectif de 6% offert par l'obligation A est obtenu comme suit:

$$i_é = (1 + 6\%)^{\frac{1}{4}} - 1 = 0{,}0146738 = 1{,}46738\%$$

$$\mathbf{i_é = 1,46738\%}$$

L'obligation B avec son taux d'intérêt de **1, 5%** par trimestre, offre un meilleur rendement que l'obligation A dont le taux trimestriel équivalent se situe à **1, 46738%.**

2. Interprétation

Le taux d'intérêt est le revenu du capital investi que l'émetteur s'engage à payer selon une périodicité précise, au souscripteur du titre pour cent francs prêtés par celui-ci. Il permet audit détenteur d'obligation d'évaluer le montant que pourra lui rapporter son investissement jusqu'à l'échéance.

CIRCONSTANCE D'UTILISATION

Le taux d'intérêt permet à l'investisseur d'évaluer la rémunération de son investissement en obligations et à l'emprunteur de déterminer les charges financières liées à l'émission de ses titres.

EXERCICE

Monsieur DALE a souscrit 600 obligations d'un emprunt de 8 000 000 000 FCFA réparti en 800 000 obligations de 10 000 FCFA, nominal et d'une durée de vie 5 ans. Le taux nominal servi annuellement est 7%.

Sachant que l'emprunt souscrit est amorti par tranches égales, quel est le montant des intérêts attendus sur les 5 ans?

SOLUTION

La résolution du problème posé par Monsieur DALE conduit à l'élaboration du tableau d'amortissement de cet emprunt. Pour le réaliser, il convient de déterminer les paramètres suivants:

*** Amortissement annuel du capital**

$$\frac{8\,000\,000\,000}{5} = 1\,600\,000\,000 \text{ FCFA}$$

*** Intérêts à l'année 1**

$$8\,000\,000\,000 \times 7\% = 560\,000\,000 \text{ FCFA}$$

*** Annuité de l'année 1**

$$1\,600\,000\,000 + 560\,000\,000 = 2\,160\,000\,000 \text{ FCFA}$$

TABLEAU D'AMORTISSEMENT

Années	Titres en circulation	Capitaux (FCFA)	Titres à amortir	Remboursements du capital (FCFA)	Intérêts (FCFA)	Annuités (FCFA)
1	800 000	8 000 000 000	160 000	1 600 000 000	560 000 000	2 160 000 000
2	640 000	6 400 000 000	160 000	1 600 000 000	448 000 000	2 048 000 000
3	480 000	4 800 000 000	160 000	1 600 000 000	336 000 000	1 936 000 000
4	320 000	3 200 000 000	160 000	1 600 000 000	224 000 000	1 824 000 000
5	160 000	1 600 000 000	160 000	1 600 000 000	112 000 000	1 712 000 000
TOTAL	-	-	800 000	8 000 000 000	1 680 000 000	9 680 000 000

* Montant des intérêts attendus par Monsieur DALE sur les 5 ans

$$\frac{1\,680\,000\,000 \times 600}{800\,000} = 1\,260\,000 \text{ FCFA}$$

Pour les 600 obligations souscrites par Monsieur DALE, les intérêts attendus jusqu'au dernier remboursement de l'emprunt se chiffrent à **1 260 000 FCFA**.

IV. TAUX DE RENDEMENT ACTUARIEL

1. Définition

Le **taux de rendement actuariel** est le taux d'intérêt réellement perçu par l'investisseur. C'est le taux qui permet d'égaliser les encaissements futurs actualisés (remboursements et paiements des coupons) et le coût d'acquisition du titre (cours global, commissions et frais).

Du point de vue de l'émetteur, il représente le taux de revient réel ou **taux d'intérêt effectif** de l'emprunt obligataire. L'emprunteur s'en sert souvent pour comparer les différentes options de financement disponibles afin d'en choisir la moins onéreuse.

Soit **Pg**, le coût d'acquisition de l'obligation en bourse, $\mathbf{R_t}$, les encaissements futurs à la période **t**, durée de vie résiduelle de l'emprunt obligataire (années pleines et fraction d'année), **r**, le taux de rendement actuariel est égal:

$$\mathbf{Pg} = \sum_{t=1}^{n} \mathbf{R_t\,(1 + r)^{-t}}$$

Le taux d'actualisation, r est obtenu en résolvant cette équation à l'aide d'une calculatrice financière ou d'une fonction financière de Microsoft Excel ou encore par la méthode d'interpolation linéaire avec une table financière.

2. Interprétation

Le taux de rendement actuariel est le taux de rémunération réelle de l'obligation. Il peut être déterminé à n'importe quelle période de son existence. A l'émission du titre, ce taux peut être identique à celui de l'intérêt nominal surtout quand la date de jouissance coïncide avec celle de l'émission, puis il varie durant toute sa vie. Il est fonction décroissante du cours de bourse de l'obligation. Un investisseur qui souhaite acquérir une obligation à un taux de rendement donné, par ce biais, a la possibilité de se fixer une limite de cours qui satisfasse à cette condition. Le taux de rendement actuariel est également un moyen d'arbitrage entre les titres cotés.

CIRCONSTANCE D'UTILISATION

Ce ratio est utilisé par:

- **L'investisseur en vue de déterminer la valeur actuelle du revenu qu'il percevra suite à l'acquisition des obligations;**
- **L'émetteur à l'émission de son emprunt, afin d'en évaluer le coût de revient réel.**

EXERCICE

Dans la perspective d'une diversification de son portefeuille-titres, Monsieur MASON initialement détenteur d'actions uniquement, désire acquérir aussi des obligations. Après s'être renseigné, il apparaît qu'il est confronté à un choix à opérer entre trois valeurs:

* les obligations d'un emprunt A 7% 1994 émis sur 3 ans, cotées en bourse à un cours tel que le rendement actuariel, r fourni est de 6,19%.

* les obligations d'un emprunt B à coupon zéro entièrement remboursé sur 5 ans, durée de vie, par séries égales. Deux ans après, il cote 42% de sa valeur nominale (50 000 FCFA).

* les obligations d'un emprunt C au taux d'intérêt facial fixé à 13,50% l'an avec une valeur nominale de 10 000 FCFA par obligation. Le titre a une durée de vie de 7 ans et est amorti par annuités

constantes. Au terme de la quatrième échéance, il a affiché un cours boursier (coupon compris) se stabilisant à 51%.

Toutes les obligations susmentionnées sont cotées sur une place où les frais de négociation de titres se décomposent comme suit:

- Taxe sur Prestation de Service (TPS) = 25%
- Courtage = 0,5%
- Impôt de bourse = 0,2%

Quelle valeur conseilleriez-vous à Monsieur MASON qui s'est aussi fixé pour objectif, en réalisant cette opération, de rentabiliser ses investissements?

NB: Se servir des tables financières ci-après:

TABLE 1

Valeur actuelle d'une suite d'annuités de un franc versées en fin de période, pendant *n* périodes

n	3,25	**3,50**	**3,75**	4	4,25
1	0,968 523	0,966 184	0,963 855	0,961 538	0,959 233
2	1,906 560	1,899 694	1,892 873	1,886 095	1,879 360
3	2,815 007	**2,801 637**	**2,788 311**	2,775 091	2,761 976
4	3,694 983	3,673 079	3,651 384	3,629 895	3,608 610
5	4,547 199	4,515 052	4,483 262	4,451 822	4,420 729

TABLE 2

Valeur actuelle d'une suite d'annuités de un franc versées en fin de période, pendant *n* périodes

n	5,75	6	6,25	**6,50**	**6,75**
1	0,945 627	0,943 396	0,941 176	0,938 967	0,936 768
2	1,839 836	1,833 393	1,826 990	1,820 626	1,814 303
3	2,685 424	2,673 012	2,660 696	**2,648 476**	**2,636 349**
4	3,485 034	3,465 106	3,445 361	3,425 799	3,406 416
5	4,241 167	4,212 364	4,183 869	4,155 679	4,127 790

SOLUTION

- Calcul des taux de rendement

* ***Emprunt B***

. Coût d'acquisition

$$Pg = 50\,000 \times 42\%[1 + (25\% + 0{,}5\% + 0{,}2\%)] = 26\,397$$

$$\mathbf{Pg = 26\,397\ FCFA}$$

. Remboursement annuel

$$\frac{50\,000}{5} = 10\,000 \text{ FCFA}$$

. Taux de rendement actuariel des obligations de l'emprunt B

C'est le taux tel que:

$$26\,397 = \frac{10\,000}{(1+r)^{5-2}} + \frac{10\,000}{(1+r)^{5-3}} + \frac{10\,000}{(1+r)^{5-4}}$$

$$26\,397 = \frac{10\,000}{(1+r)^{1}} + \frac{10\,000}{(1+r)^{2}} + \frac{10\,000}{(1+r)^{3}}$$

$$26\,397 = 10\,000 \times \frac{1-(1+r)^{-3}}{r}$$

$$\Rightarrow \frac{26\,397}{10\,000} = \frac{1-(1+r)^{-3}}{r} \Leftrightarrow 2{,}6397 = \frac{1-(1+r)^{-3}}{r}$$

Par interpolation linéaire et à l'aide d'une table financière, on obtient:

$$\frac{r - 6{,}50}{6{,}75 - 6{,}50} = \frac{2{,}6397 - 2{,}648476}{2{,}636349 - 2{,}648476}$$

$$\Rightarrow r = 6{,}50 + (6{,}75 - 6{,}50) \times \frac{2{,}6397 - 2{,}648476}{2{,}636349 - 2{,}648476}$$

$$\Rightarrow r = 6{,}6778\% \approx 6{,}68\%$$

$$\mathbf{r \approx 6,68\%}$$

La rémunération générée par l'obligation de l'emprunt B est de 6,68 FCFA pour 100 FCFA investis dans son acquisition.

* ***Emprunt C 13,50%***

. Coût d'acquisition

$$Pg = 10\,000 \times 51\%[1 + (25\% + 0{,}5\% + 0{,}2\%)]$$

$$= 6\,410{,}7 \approx 6\,411$$

$$\mathbf{Pg \approx 6\,411\ FCFA}$$

. Annuité

$$a = \frac{10\,000 \times 13{,}50\%}{1 - (1 + 13{,}50\%)^{-7}} = 2\,296{,}4065 \approx 2\,296$$

$$\mathbf{a \approx 2\,296\ FCFA}$$

. Taux de rendement

$$6\,411 = \frac{2\,296}{(1+r)^{7-4}} + \frac{2\,296}{(1+r)^{7-5}} + \frac{2\,296}{(1+r)^{7-6}}$$

$$6\,411 = \frac{2\,296}{(1+r)^{1}} + \frac{2\,296}{(1+r)^{2}} + \frac{2\,296}{(1+r)^{3}}$$

$$6\,411 = 2\,296 \times \frac{1-(1+r)^{-3}}{r}$$

$$\Rightarrow \frac{6\,411}{2\,296} = \frac{1-(1+r)^{-3}}{r} \Leftrightarrow 2{,}7922473 = \frac{1-(1+r)^{-3}}{r}$$

Par interpolation linéaire et en se servant d'une table financière, le taux de rendement du titre est:

$$\frac{r - 3{,}50}{3{,}75 - 3{,}50} = \frac{2{,}792247 - 2{,}801637}{2{,}788311 - 2{,}801637}$$

$$\Rightarrow r = 3{,}50 + (3{,}75 - 3{,}50) \times \frac{2{,}792247 - 2{,}801637}{2{,}788311 - 2{,}801637}$$

$$\Rightarrow r = 3{,}676\% \approx 3{,}68\%$$

$$\mathbf{r \approx 3{,}68\%}$$

Le rendement octroyé par l'obligation de l'emprunt C est de 3,68 FCFA sur 100 FCFA dépensés pour l'acheter.

Conclusion

On remarque que pour la même maturité, soit 3 ans, les obligations de l'emprunt B offrent le meilleur rendement actuariel. Celui-ci s'établit à 6,68% contre 6,19% et 3,68% respectivement pour les emprunts A et C. Il est donc conseillé à Monsieur MASON d'acheter les obligations de l'emprunt B.

V. COURBE DES TAUX

1. Définition

Une **courbe des taux** ou « gamme des taux » ou encore « structure par terme des taux d'intérêt » est une représentation graphique des rendements offerts par des obligations ayant les mêmes caractéristiques notamment le même émetteur ou le même niveau de solvabilité, mais à des échéances différentes. Elle indique pour chaque maturité en abscisse, le niveau du taux d'intérêt correspondant en ordonnée. On la construit soit à partir des obligations couponnées; soit à partir d'obligations zéro-coupon. Ainsi, les taux qu'elle représente, sont en général des taux de rendement actuariels ou des taux zéro-coupon. Les courbes qui en résultent sont les plus publiées sur les marchés. On les appelle « **courbe des taux de rendement actuariel** » ou « **courbe des taux zéro-coupon** » suivant la nature de l'emprunt obligataire.

En dehors de celles-ci, l'on a la **courbe des taux de rendement au pair** qui représente les taux de rendement actuariel en fonction de la maturité des obligations échangées au pair. Les acteurs du marché ont régulièrement recours à ce type de courbe des taux pour le calcul du taux de coupon requis pour réaliser une émission au pair sur le marché primaire des obligations.

Généralement, quand on parle de courbe des taux, il est fait allusion à la courbe des taux des obligations du Trésor. On considère que les emprunts d'État ou emprunts souverains sont sans risque. Aussi, constituent-ils une référence pour la détermination de la prime de risque lors des émissions d'emprunts obligataires du secteur privé.

Pourtant sur un marché financier, il existe autant de courbes des taux que de classes d'émetteur d'obligations: le Trésor, les Banques, les sociétés d'assurance, les sociétés privées, etc. L'on peut citer par exemple:

- La courbe des taux de rendement des obligations du Trésor,
- La courbe des taux de rendement des entreprises du secteur bancaire disposant du rating A, etc.

NB: Une courbe des taux est représentative, si les titres concernés enregistrent constamment d'importants volumes d'échanges.

2. Différentes formes de courbe des taux

La forme de la courbe des taux d'intérêt indique les anticipations des investisseurs sur les marchés par rapport à l'évolution des taux d'intérêt. Elle peut être normale, inversée ou plate.

2.1. Courbe des taux « normale »

On dit qu'une courbe des taux est « **normale** » ou « **croissante** » lorsqu'elle représente des taux de rendement qui croissent au fur et à mesure que les maturités deviennent plus longues. En d'autres termes, les taux à court terme sont inférieurs aux taux à long terme.

En effet, les investisseurs exigent une plus grande rémunération en prêtant sur une plus longue période pour tenir compte des risques accrus associés au long terme. La courbe des taux « normale » reflète une économie saine.

Habituellement dans un tel contexte, les agents économiques ont tendance à investir plus dans des obligations à long terme.

Nous présentons ci-après un exemple de courbe des taux de forme normale:

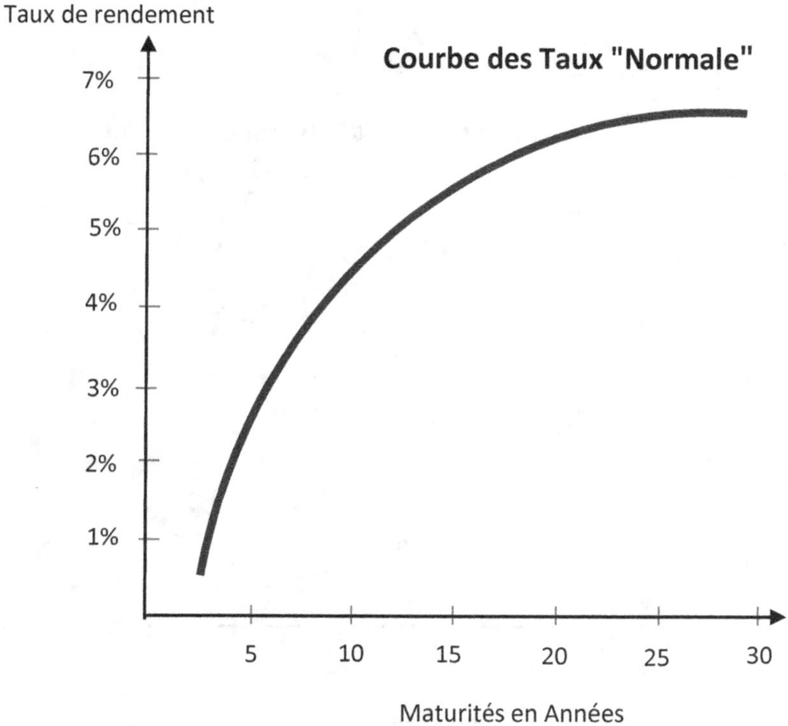

2.2. Courbe des taux « inversée »

Une courbe des taux est dite « inversée » ou « décroissante » ou encore « anormale » lorsqu'elle représente des taux de courtes maturités supérieurs aux taux de longues maturités. On observe ce phénomène quand les investisseurs anticipent une récession économique, une inflation plus faible et donc une baisse des taux d'intérêt.

En effet, dans le cadre de sa lutte contre l'inflation, une banque centrale peut décider par exemple de relever son taux directeur. Ce qui conduira à un ralentissement de l'activité économique et par conséquent à la baisse de la demande de crédit. Par ailleurs, une bonne santé du marché obligataire et l'abondance de liquidité à investir à long terme peuvent entraîner une baisse des taux à long terme.

Dans ces conditions, les investisseurs privilégient souvent les placements à court terme dans la mesure où ils sont plus rentables que ceux à long terme.

La courbe des taux « inversée » se présente comme suit:

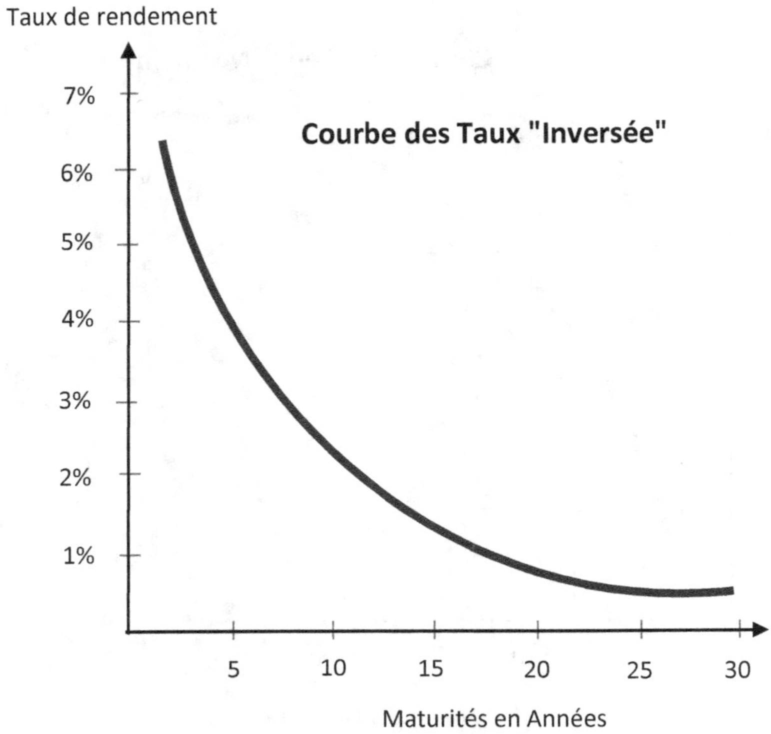

2.3. Courbe des taux « plate »

La courbe des taux « plate » est une représentation graphique des taux qui varient très peu ou pas du tout en fonction des maturités. Les taux à court terme et les taux à long terme étant quasiment identiques, la courbe devient plate. Cette phase de l'évolution de la courbe des taux indique une situation intermédiaire où les investisseurs ne sont pas certains de la croissance économique et de l'inflation. Puisque les emprunts à court terme et les emprunts à long terme offrent pratiquement les mêmes rendements, lesdits investisseurs en règle générale, ont une préférence à l'acquisition des emprunts à court terme.

Un exemple de courbe des taux « plate » est présenté ci-dessous:

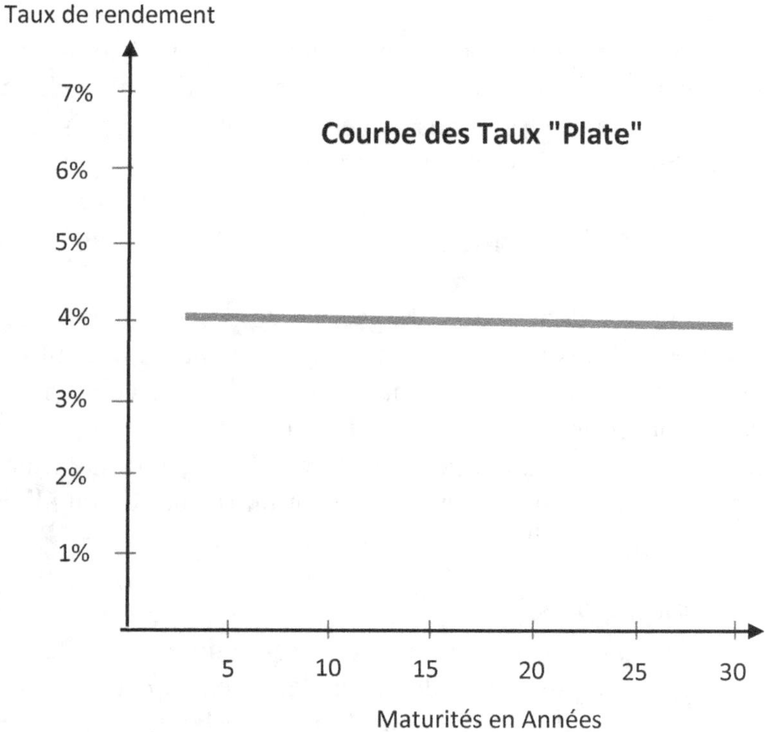

CIRCONSTANCE D'UTILISATION

Une courbe des taux permet :

- **De regrouper et visualiser l'ensemble des taux d'intérêt des emprunts d'un émetteur;**
- **D'arbitrer entre les emprunts sous-évalués et surévalués et de gérer activement et dynamiquement un portefeuille d'obligations.**

VI. RISQUES

Quelle que soit sa nature et sa forme, un investissement comporte toujours des **risques**. L'investissement en obligations n'échappe donc pas à cette réalité. Nous présentons ci-après les principaux risques encourus par l'obligataire et les instruments de mesure s'y rapportant.

1. Risques obligataires

1.1. Risque de liquidité

Un investisseur qui détient des obligations cotées en bourse a la possibilité de s'en dessaisir avant échéance en les vendant à d'autres investisseurs. Lorsqu'à défaut de contrepartie adéquate, celui-ci se voit obliger de consentir une forte réduction sur le prix escompté ou n'arrive pas à réaliser sa transaction, on dit qu'il est confronté à un risque de liquidité. Les obligations comportant un risque de liquidité sont caractérisées par un faible volume de transactions.

1.2. Risque de taux d'intérêt

Le prix de l'obligation est fonction décroissante du taux d'intérêt. Ainsi, lorsque le taux augmente au-dessus du taux de coupon d'intérêt ou de rendement offert par l'obligation, le prix de ladite obligation baisse pour que son rendement réel s'ajuste au taux en vigueur et inversement. Dans ce contexte, l'investisseur risque de ne pas profiter d'une part de la hausse du taux d'intérêt et d'autre part d'une valeur de revente de l'obligation en progression. Plus la maturité du titre est longue, plus le risque de taux d'intérêt est grand.

Toutefois, ce risque devient faible si l'investisseur conserve l'obligation jusqu'à l'échéance finale.

1.3. Risque de défaut

Le risque de défaut ou « **risque d'insolvabilité** » ou encore « **risque de l'émetteur** » est le risque que l'émetteur ne soit pas en mesure de tenir ses engagements.

En effet, il peut arriver que celui-ci n'arrive pas à payer les coupons d'intérêt et à rembourser l'emprunt obligataire à l'échéance pour cause de faillite. Ce risque est fonction de la qualité de l'émetteur. En général, il est plus élevé pour une obligation d'entreprise que pour une obligation d'État. La capacité de l'émetteur d'obligations à honorer ses engagements est mesurée à l'aide des notes attribuées à celui-ci par les agences de notation.

1.4. Risque d'inflation

L'inflation est la hausse généralisée des prix. En tant que telle, elle entraîne la perte du pouvoir d'achat des agents économiques. Pour la contrer, les taux d'intérêts ont tendance à augmenter, ce qui fait baisser le prix de l'obligation. Cependant, il y a le risque que la rentabilité réalisée ne suffise pas à compenser la perte de pouvoir d'achat engendrée.

1.5. Risque de change

Les obligations cotées en devise sont souvent exposées au risque de change. Étant donné que le paiement des coupons d'intérêt et le remboursement du capital sont effectués en monnaie étrangère, ceux-ci sont dépendants de l'évolution du taux de change. Le risque de change apparait donc lorsqu'à l'échéance, le cours de la devise baisse par rapport à celui de la monnaie locale. Dans ces conditions, le montant du capital remboursé et la valeur du rendement payé à l'investisseur, deviennent moins élevés que le montant investi pour l'acquisition des obligations concernées.

2. Outils de mesure du risque

Les indicateurs les plus utilisés pour mesurer le risque obligataire, en dehors des notes attribuées aux émetteurs d'obligations par les agences de notation, sont la **duration**, la **sensibilité** et la **convexité**.

2.1. Duration

2.1.1. Définition

Supposons qu'un investisseur a acquis une obligation de 10 000 FCFA, nominal offrant un taux d'intérêt annuel de 6%. La maturité de ladite obligation étant de 5 ans, s'il conserve son titre jusqu'à l'échéance finale sans réinvestir les intérêts perçus, il obtiendra au total 13 000 FCFA; soit 10 000 FCFA pour le remboursement du capital et 3 000 FCFA (10 000 x 6% x 5) au titre des intérêts payés sur la période. Par contre s'il réinvestit régulièrement les intérêts perçus, il pourra atteindre les 13 000 FCFA avant l'échéance finale, c'est-à-dire dans un délai inférieur à la maturité de 5 ans. Ce délai est communément appelé « la **duration** ».

La duration d'une obligation peut alors être définie comme étant le temps moyen d'attente pour récupérer entièrement le capital et les intérêts. En d'autres termes, c'est la durée de vie réelle de l'obligation. Étant donné les réinvestissements des annuités au cours de cette période, la rentabilité du titre n'est pas affectée par les fluctuations du taux d'intérêt. Aussi, la duration d'une obligation correspond-t-elle à la période d'immunisation de celle-ci.

L'économiste Frederick Macaulay définit ce concept comme étant « *la durée de vie moyenne des annuités, pondérée par leur valeur actualisée* ». On détermine la duration en appliquant la relation mathématique suivante:

$$\mathbf{D} = \frac{\dfrac{\sum_{t=1}^{n} \mathbf{t} \, . \, \mathbf{R_t}}{(\mathbf{1} + \mathbf{r})^{\mathbf{t}}}}{\dfrac{\sum_{t=1}^{n} \mathbf{R_t}}{(\mathbf{1} + \mathbf{r})^{\mathbf{t}}}}$$

Où **D** est la duration, $\mathbf{R_t}$, l'encaissement futur à la fin de la période t, **r**, le taux de rendement actuariel, **t**, la durée de vie résiduelle de l'obligation (années pleines et fraction d'année) et **n**, le nombre total d'annuités.

2.1.2. Interprétation

La duration permet d'apprécier la période moyenne au bout de laquelle un obligataire perçoit les encaissements attendus.

Plus la maturité de l'obligation est éloignée, plus sa duration est élevée et le risque qu'elle comporte est grand. En revanche, plus le taux de coupon d'intérêt d'une obligation est élevé, plus sa duration est faible et le risque également.

Il est à noter que pour une obligation zéro-coupon, la duration est égale à sa maturité.

CIRCONSTANCE D'UTILISATION

L'investisseur utilise cet indicateur en vue de savoir en combien de temps il pourra atteindre le niveau de rendement qu'il souhaite.

EXERCICE

Une obligation est émise au pair à 50 000 FCFA avec un taux nominal de 7%, l'an amortissable in fine sur 10 ans. 3 ans plus tard, elle produit un rendement de 8,75%. Un agent économique qui a acheté ce titre sur la base de la rémunération affichée, demande à être éclairé sur la durée de vie moyenne de son investissement.

Conseillez-le utilement.

SOLUTION

Puisque sur la durée de vie de 10 ans, 3 ans se sont déjà écoulés, la maturité de l'obligation est donc de 7 ans.

Tableau du calcul de la duration:

Années t	Encaissements R_t	$\frac{R_t}{(1+r)^t}$	$t.R_t$	$\frac{t.R_t}{(1+r)^t}$
1	3 500	3 218,39080	3 500	3 218,39080
2	3 500	2 959,43982	7 000	5 918,87964
3	3 500	2 721,32397	10 500	8 163,97192
4	3 500	2 502,36687	14 000	10 009,46750
5	3 500	2 301,02701	17 500	11 505,13500
6	3 500	2 115,88690	21 000	12 695,32140
7	53 500	29 740,54500	374 500	208 183,81500
TOTAL	74 500	45 558,98040	-	259 694,98100

La duration est égale à:

$$D = \frac{259\ 694{,}981}{45\ 558{,}9804} = 5{,}70 \text{ ans ; soit environ 5 ans 8 mois}$$

$$\mathbf{D = 5\ ans\ 8\ mois}$$

Conclusion

Avec un rendement de 8,75%, la durée de vie moyenne de l'investissement en obligations de cet agent économique est de **5 ans 8 mois**.

2.2. Sensibilité

2.2.1. Définition

La sensibilité d'une obligation est la variation du prix de celle-ci face aux fluctuations de son taux d'intérêt sur le marché. Elle permet de mesurer le degré d'exposition au risque de taux d'intérêt. On la calcule en faisant le rapport de la variation relative du cours sur la variation du taux d'actualisation.

En effet, soit $\frac{\partial P}{P}$, la variation relative du cours de l'obligation, $\partial \mathbf{r}$, la variation du taux de rendement actuariel, la sensibilité, **S** d'une obligation est:

$$S = \frac{\frac{\partial P}{P}}{\partial r} = \frac{1}{P} \times \frac{\partial P}{\partial r} = \frac{1}{P} \times P'(r)$$

Étant donné que $P = \frac{\sum_{t=1}^{n} R_t}{(1+r)^t}$, il vient donc

$$S = -\frac{1}{1+r} \times \frac{1}{P} \times \sum_{t=1}^{n} t \,.\, R_t\,(1+r)^{-t} = -\frac{1}{1+r} D$$

$$\mathbf{S = -\frac{1}{1+r} D}$$

Comme on pourrait le constater, la **sensibilité** peut être aussi définie comme étant la **duration modifiée**.

2.2.2. Interprétation

La sensibilité ou la duration modifiée indique le pourcentage de variation du cours de l'obligation lorsque le taux de rendement de celle-ci évolue de 1%. Elle est d'autant plus forte que la duration est élevée. Ainsi, plus elle est grande, plus le degré de volatilité du cours est important et le titre est plus risqué.

Il est à noter que la sensibilité d'une obligation augmente quand:

- la maturité du titre est importante;
- son taux nominal est élevé;
- les remboursements sont éloignés dans le temps.

CIRCONSTANCE D'UTILISATION

Ce ratio permet d'apprécier le degré de volatilité de l'obligation face aux variations du taux d'intérêt.

EXERCICE

Mademoiselle YAURA a acquis pour un montant total de 7 850 000 FCFA, des obligations X de 8 ans à un taux d'intérêt de 9,50% et de sensibilité -4. Six (6) mois plus tard, des fluctuations du taux sont observées.

Inquiète de cette situation, elle voudrait savoir quelle incidence la baisse de ce taux à 9,16% aura sur la valeur de son portefeuille.

SOLUTION

- **Calcul de la variation du taux d'intérêt**

$$\partial r = 9{,}16\% - 9{,}50\% = -0{,}34\%$$

$$\mathbf{\partial r = -0{,}34\%}$$

On sait que le cours est fonction décroissante du taux de rendement. En conséquence, une baisse de 0,34% de ce taux engendrera nécessairement une progression du cours de l'obligation.

- **Incidence de la baisse du taux de rendement sur le cours**

- *Variation relative du cours de l'obligation* X

$$\frac{\partial P}{P} = (-4) \times (-0{,}34\%) = +1{,}36\%$$

$$\mathbf{\frac{\partial P}{P} = +1{,}36\%}$$

- *Variation du portefeuille de Mademoiselle YAURA*

$$7\,850\,000 \times 1{,}36\% = \mathbf{106\,760\ FCFA}$$

Conclusion

La baisse de **0,34%** ou 34 points de base du taux d'intérêt de l'obligation X induira une hausse de **1,36%** du portefeuille de Mademoiselle YAURA; ce qui correspond à **106 760 FCFA**.

NB: La duration et la sensibilité sont des indicateurs généralement utilisés pour mesurer le risque de taux des obligations classiques ou ordinaires.

S'agissant des obligations assorties d'une clause de rachat avant échéance, l'on se sert de la **duration effective** pour mesurer la sensibilité du cours du titre aux taux de cette catégorie d'obligations. Les obligations qui font l'objet de rachat par l'émetteur sont remboursées avant l'échéance finale. On définit donc la duration effective comme étant l'élasticité du cours d'une obligation par rapport à une variation de la gamme des taux sans risque de défaut.

2.3. Convexité

2.3.1. Définition

La relation entre le cours et le taux de rendement d'une obligation n'étant pas linéaire mais plutôt convexe, elle est illustrée graphiquement sous forme de courbe. Cette réalité fait que l'ampleur de variation du cours du titre face aux fluctuations du taux de rendement est différente selon que l'on se positionne à un point ou à un autre sur la courbe. La convexité est l'écart qui sépare la courbe « cours-taux de rendement » de la tangente à cette courbe à un point A qui correspond au cours actuel, P_0 et au taux de rendement r_0 du titre. Cet indicateur du risque de taux mesure la vitesse de la variation du cours due à un changement du taux de rendement actuariel de l'obligation.

La convexité de la relation entre le cours d'une obligation et son taux de rendement est illustrée à travers le graphique ci-dessous.

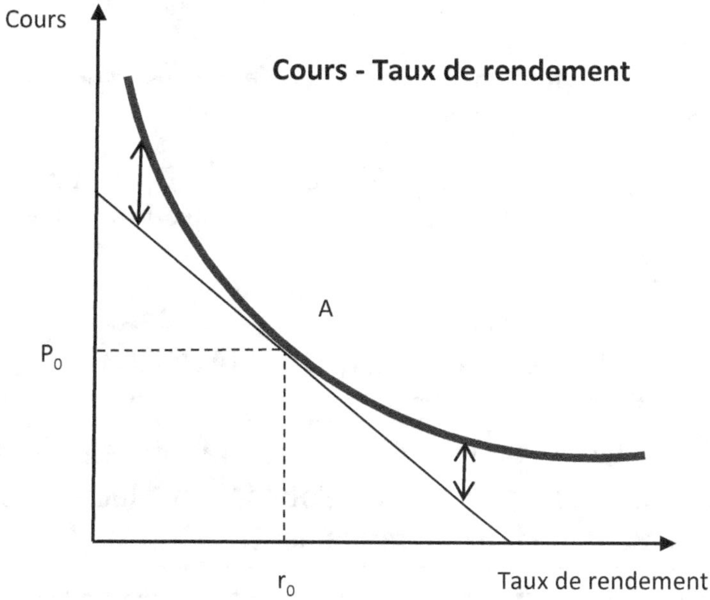

Mathématiquement, la convexité est la dérivée seconde du cours de l'obligation par rapport au taux de rendement. Elle s'écrit comme suit:

$$CV = \frac{1}{P} \times \frac{\partial^2 P}{\partial r^2} = \frac{1}{P} \times \frac{1}{(1+r)^2} \sum_{t=1}^{n} t.(t+1).R_t\,(1+r)^{-t}$$

En développant cette formule, on obtient:

$$\mathbf{CV} = \frac{\sum_{t=1}^{n} \mathbf{t}.\mathbf{R_t}\,(\mathbf{1}+\mathbf{r})^{-\mathbf{t}} + \sum_{t=1}^{n} \mathbf{t^2}.\mathbf{R_t}\,(\mathbf{1}+\mathbf{r})^{-\mathbf{t}}}{\mathbf{P}} (\mathbf{1}+\mathbf{r})^{-\mathbf{2}}$$

Où **CV** est la convexité, $\mathbf{R_t}$, l'encaissement futur à la fin de la période t, **r**, le taux de rendement actuariel, **t**, la durée de vie résiduelle de l'obligation (années pleines et fraction d'année) et **n**, le nombre total d'annuités.

2.3.2. Interprétation

La convexité donne un complément d'information à l'analyse réalisée à l'aide de la sensibilité. Elle permet d'apprécier la rapidité ou la lenteur de la variation du cours d'une obligation lorsque son taux change.

En effet, plus la convexité d'une obligation est élevée:

- plus son cours baissera lentement si son taux de rendement actuariel augmente;
- plus son cours augmentera rapidement si son taux de rendement actuariel baisse.

Soulignons que la convexité est forte pour une obligation de longue maturité. En revanche, elle est faible lorsque le taux d'intérêt nominal de l'obligation est élevé.

CIRCONSTANCE D'UTILISATION

Cet indicateur permet d'apprécier la vitesse de la variation du cours de l'obligation face aux fluctuations du taux de rendement.

EXERCICE

John a investi dans des obligations classiques émises par la société KOLAI. Lesdites obligations ne comportent ni de clause de rachat, ni de clause de convertibilité et présentent les caractéristiques ci-après:

- maturité: 6 ans;
- valeur nominale: 10 000 FCFA;
- taux de coupon: 8,50%;
- taux de rendement à l'échéance: 5%.

Étant donné les risques associés auxdites obligations, il veut savoir s'il vaut mieux les conserver ou les vendre et acheter des obligations zéro-coupon du même émetteur. Celles-ci ont les caractéristiques suivantes:

- échéance: 5 ans;
- valeur nominale: 10 000 FCFA;
- taux de rendement à l'échéance: 5%;
- convexité: 36,41.

Que conseillez-vous à John ? Expliquez.

SOLUTION

Pour répondre à la préoccupation de John, il faut d'abord calculer la duration et la convexité des obligations classiques de la société KOLAI.

a- Calcul de la duration et de la convexité des obligations classiques

Tableau de calcul des indicateurs

Années t	Encaissements R_t	$\frac{R_t}{(1+r)^t}$	$\frac{t \cdot R_t}{(1+r)^t}$	$\frac{t^2 \cdot R_t}{(1+r)^t}$
1	850	809,52	809,52	809,52
2	850	770,98	1 541,95	3 083,90
3	850	734,26	2 202,79	6 608,36
4	850	699,30	2 797,19	11 188,75
5	850	666,00	3 329,99	16 649,93
6	10 850	8 096,44	48 578,62	291 471,73
TOTAL	15 100	11 776,49	59 260,06	329 812,20

La duration, D des obligations classiques est égale à:

$$D = \frac{\frac{\sum_{t=1}^{n} t \cdot R_t}{(1+r)^t}}{\frac{\sum_{t=1}^{n} R_t}{(1+r)^t}}$$

$$D = \frac{59\ 260,06}{11\ 776,49} = 5,03 \approx 5$$

$$\mathbf{D \approx 5\ ans}$$

La convexité, CV des obligations classiques s'établit à:

$$CV = \frac{\sum_{t=1}^{n} t \cdot R_t\,(1+r)^{-t} + \sum_{t=1}^{n} t^2 \cdot R_t\,(1+r)^{-t}}{P}(1+r)^{-2}$$

$$CV = \frac{59\ 260,06\ +329\ 812,20}{11\ 776,49} \times 1,05^{-2} = 29,97$$

$$\mathbf{CV = 29,97}$$

b- Analyse de la situation

L'échéance des obligations zéro-coupon étant de 5 ans, on peut donc en déduire qu'elles ont la même duration que les obligations classiques déjà détenues par John.

Par ailleurs, en comparant la convexité des deux types d'obligation, on constate que les obligations classiques sont moins convexes (29,97) que les obligations zéro-coupon (36,41).

Conclusion

Nous conseillons donc à John de vendre les obligations classiques et d'acheter des obligations zéro-coupon.

En effet, celles-ci ont non seulement une duration de 5 ans comme celles qu'il détient en portefeuille, mais aussi la convexité la plus élevée. Ce qui signifie que quand :

- ✓ les taux baissent, le prix des obligations zéro-coupon augmente plus que celui des obligations classiques et
- ✓ les taux augmentent, le prix des obligations zéro-coupon baisse moins que celui des obligations classiques.

3. Couverture des risques obligataires

Afin de se prémunir contre les risques obligataires, des mécanismes de protection sont appliqués en fonction de la nature du risque à gérer.

Ainsi, lorsqu'on est exposé par exemple au:

- *Risque de liquidité*, il est avantageux d'investir soit dans des obligations ayant un taux de rotation élevé; soit dans celles bénéficiant d'un contrat de liquidité entre l'émetteur des titres et l'intermédiaire en bourse.
- *Risque de défaut*, l'on peut se protéger en acquérant des obligations dotées d'une garantie ou celles dont l'émetteur a obtenu une bonne note d'une agence de notation de crédit. Plus un émetteur est bien noté, plus sa probabilité de défaut est faible.
- *Risque d'inflation*, l'investisseur a intérêt à acheter des obligations indexées sur le taux d'inflation, que l'émetteur a structurées et mises en circulation.
- *Risque de taux d'intérêt* et/ou *risque de change*, l'on peut se couvrir en utilisant les produits dérivés. Nous développerons cette technique dans le chapitre intitulé « produits dérivés ».

Quatrième partie
AUTRES PRODUITS BOUSIERS

Chapitre I
ORGANISMES DE PLACEMENT COLLECTIF EN VALEURS MOBILIÈRES

I. GÉNÉRALITÉS

Un Organisme de Placement Collectif en Valeurs Mobilières (OPCVM) est un fonds constitué des capitaux mis en commun par des agents économiques (particuliers, entreprises, etc.) en vue d'investir en valeurs mobilières (actions, obligations, etc.). En tant que tel, il est placé sur un ou plusieurs marchés financiers par des professionnels chargés de sa gestion pour le compte des investisseurs ayant participé à sa constitution. Chaque apporteur de capitaux reçoit en contrepartie du montant souscrit des parts ou des actions du fonds d'investissement. Selon la nature des investissements réalisés, l'OPCVM peut être classifié en :

- **OPCVM actions** composé d'au moins 60% d'actions;
- **OPCVM obligataire** investi en obligations émises par des Etats, des collectivités locales, des entreprises privées ou publiques;
- **OPCVM monétaire** principalement composé de valeurs à court terme tel que les Titres de Créances Négociables (TCN), les bons du Trésor et les obligations à court terme;
- **OPCVM de fonds alternatifs** investi dans des fonds pratiquant la gestion alternative;
- **OPCVM diversifié**, un fonds se positionnant aussi bien sur les obligations que sur les actions;
- **OPCVM de fonds à formule** composé à partir des scénarii prédéfinis.

II. DIFFÉRENTES FORMES D'OPCVM

Un **OPCVM** est un fonds d'investissement à capital soit fixe; soit variable. Lorsqu'il est dit « à capital fixe », il prend la forme de **Société d'Investissement à Capital Fixe** (SICAF). Quand il est désigné « à capital variable », on parle de **Société d'Investissement à Capital Variable** (SICAV) ou de **Fonds Commun de Placement** (FCP).

1. Société d'Investissement à Capital Fixe

Une Société d'Investissement à Capital Fixe (SICAF) est une société anonyme. Ses actions sont intégralement libérées dès leur émission et négociables en bourse. Le capital investi au moment de la création de la SICAF demeure fixe jusqu'à la liquidation du fonds. De même, le nombre d'actions en circulation reste inchangé. Les sommes recueillies auprès des épargnants sont placées dans des produits financiers selon une politique et des objectifs préétablis. Les bénéfices réalisés par la SICAF sont redistribués à ses actionnaires sous forme de dividendes.

2. Société d'Investissement à Capital Variable

Une Société d'Investissement à Capital Variable (SICAV) est une société anonyme créée en général par un établissement de crédit (banques, sociétés d'assurances…). Les capitaux collectés au cours des souscriptions servent à l'acquisition des valeurs mobilières. Le portefeuille de titres ainsi constitué, est géré conformément à une stratégie d'investissement définie au préalable. La SICAV est caractérisée par un capital social fluctuant en fonction des entrées et sorties des souscripteurs. Ses actions sont émises de façon illimitée au fur et à mesure des demandes de souscription. N'étant pas cotées en bourse, celles-ci se transigent à leur **valeur liquidative** plus les frais d'acquisition ou moins des frais de rétrocession selon le cas.

3. Fonds Commun de Placement

Un Fonds Commun de Placement (FCP) est une copropriété de valeurs mobilières. Il n'a donc pas de personnalité morale comme la SICAV. Aussi émet-il des parts en contrepartie des capitaux apportés par les investisseurs. Le fonds étant à capital variable, le nombre desdites parts s'accroît au fur et à mesure des souscriptions et diminue avec les rachats qu'il effectue à la demande des porteurs de parts. Tout comme pour une SICAV, lesdites transactions s'opèrent à la valeur liquidative. Chaque porteur de parts bénéficie d'un droit de copropriété sur les actifs du fonds dans la limite de son apport. Le FCP est géré par une société de gestion qui agit au nom des porteurs de parts et dans leur intérêt exclusif. Sa gestion est similaire à celle de la SICAV. Toutefois, elle est juridiquement plus souple.

4. Autre forme d'OPCVM : « Index Tracker »

Un « Index Tracker » ou « Exchange Traded Fund » (ETF) est un fonds d'investissement en valeurs mobilières. Il s'apparente à une SICAV. Cependant, il est négociable en bourse. On le classe dans la catégorie des OPCVM indiciels, car il a pour objet de reproduire un indice boursier. La composition de son portefeuille-titres sera donc toujours identique à celle de l'indice qu'il suit. Il permet ainsi d'offrir à ses actionnaires la performance d'un indice action, obligataire ou de matières premières. La plupart des « Index Trackers » distribuent des dividendes à leurs actionnaires.

III. VALORISATION

Lorsqu'un OPCVM n'est pas coté en bourse, les entrées et les sorties des investisseurs du fonds se font sur la base d'un prix calculé à partir de la valeur de son actif net. En d'autres termes, la souscription ou « l'achat » et le rachat ou « la vente » des parts du FCP ou des actions de la SICAV se réalisent à un prix appelé « valeur liquidative ». Celle-ci varie en fonction de la valeur des placements de l'OPCVM. La souscription ou le rachat des parts ou actions s'effectue:

- soit à la dernière valeur liquidative connue. On dit alors que l'on souscrit ou que l'on se fait racheter les titres à un « **cours connu** »;
- soit à la prochaine valeur liquidative qui sera calculée. On dit dans ce cas que l'on souscrit ou que l'on se fait racheter les titres à un « **cours inconnu** ».

La valeur liquidative de l'OPCVM correspond à l'actif net par part ou action du fonds.

L'actif net, A net est obtenu comme suit:

$$\mathbf{Anet = Valeur\ Marchande\ totale\ du\ portefeuille\ de\ valeurs\ mobilières\ et\ autres\ avoirs\ détenus - Dettes, Dépenses\ et\ Frais}$$

La valeur liquidative est donc:

$$\mathbf{VL = \frac{Anet}{N}}$$

Avec VL : Valeur Liquidative

Anet : Actif net

N : Nombre total de parts ou d'actions émises.

CIRCONSTANCE D'UTILISATION

La valeur liquidative indique à l'investisseur le prix auquel il peut soit acheter, soit vendre une part ou une action d'OPCVM à un moment donné.

IV. ÉVALUATION DE LA PERFORMANCE

La performance d'une SICAV ou d'un FCP mesure l'évolution de la valeur liquidative dudit fonds sur une période donnée. C'est la plus ou moins-value réalisée sur l'investissement d'un OPCVM entre deux dates. Pour la déterminer, l'on tient compte ou pas des dividendes réinvestis selon que le calcul s'applique à un **OPCVM de capitalisation** ou un **OPCVM de distribution**.

Un OPCVM de capitalisation réinvestit dans le fonds les revenus (dividendes, coupons d'intérêt, etc.) encaissés sur les titres qu'il détient en portefeuille, alors qu'un OPCVM de distribution redistribue à ses actionnaires ou porteurs de parts lesdits revenus sous forme de dividendes.

L'on obtient la performance d'un OPCVM à l'aide de la formule suivante:

$$\mathbf{Performance_{t-n \to t} = \frac{VL_t}{VL_{t-n}} \times \left(1 + \frac{d}{VL_d}\right) - 1}$$

Avec VL_{t-n} : valeur liquidative à la date t-n;

VL_t : valeur liquidative à la date t;

d : montant du dividende détaché;

VL_d : valeur liquidative dès le détachement du dividende.

CIRCONSTANCE D'UTILISATION

Ce ratio permet à l'investisseur d'évaluer sur une période donnée, le gain ou la perte réalisé(e) par un OPCVM.

EXERCICE

Le 20 septembre N, un FCP dénommé Excellence a été constitué d'un montant total de 60 000 000 FCFA réparti en 60 000 parts de 1 000 FCFA l'une. Ce fonds a été investi en partie dans les actions des sociétés cotées en bourse de la manière suivante:

- 15 000 actions X à 2 000;
- 30 000 actions Y à 500 et
- 10 400 actions Z à 1 250.

Le 15 juin N+1, le cours desdites valeurs affiché en bourse se situe à:

- 2 700 pour l'action X;
- 400 pour l'action Y et
- 2 050 pour l'action Z.

1) Calculez la valeur liquidative du FCP Excellence au 15 juin N+1.

2) On précise que le 13 avril N+1, un coupon de dividende d'un montant net de 150 FCFA a été détaché. La valeur liquidative du fonds à cette date est de 1 300 FCFA. Étant donné que FCP Excellence est un OPCVM de capitalisation, déterminez sa performance du 20 septembre N au 15 juin N+1.

3) Commentez les résultats obtenus.

SOLUTION

1) ***Calcul de la valeur liquidative du FCP Excellence au 15 juin N+1***

Rappel:

$$VL = \frac{\text{Anet}}{N}$$

- Détermination de l'actif net

Puisque le capital du fonds n'a pas été entièrement investi dans les valeurs mobilières, déterminons le montant mis en trésorerie.

$$60\ 000\ 000 - \big((15\ 000 \times 2\ 000) + (30\ 000 \times 500) + (10\ 400 \times 1\ 250)\big) = 2\ 000\ 000$$

L'actif net est alors de :

$$\text{Actif net} = \big((15\ 000 \times 2\ 700) + (30\ 000 \times 400) + (10\ 400 \times 2\ 050)\big) + 2\ 000\ 000$$

$$\text{Actif net} = 73\ 820\ 000 + 2\ 000\ 000 = 75\ 820\ 000$$

$$\text{Actif net} = 75\ 820\ 000\ \text{FCFA}$$

- Valeur liquidative

$$\text{VL} = \frac{75\ 820\ 000}{60\ 000} = 1\ 264$$

$$\mathbf{VL = 1\ 264\ FCFA}$$

2) Performance du FCP Excellence du 20 septembre N au 15 juin N+1

Rappel:

$$\text{Performance}_{t-n\to t} = \frac{\text{VL}_t}{\text{VL}_{t-n}} \times (1 + \frac{d}{\text{VL}_d}) - 1$$

Le dividende de 150 FCFA est réinvesti puisque FCP Excellence est un OPCVM de capitalisation.

La valeur liquidative du fonds étant de 1 000 FCFA au 20 septembre N, sa performance sera de:

$$\text{Performance} = \frac{1\ 264}{1\ 000} \times \left(1 + \frac{150}{1\ 300}\right) - 1 = +40{,}98\%$$

$$\mathbf{Performance = +40,98\%}$$

3) Commentaire

La valeur liquidative du FCP Excellence est de 1 264 FCFA, en progression de 40,98% par rapport à la situation initiale du fonds.

Ce qui signifie que l'investisseur initial qui désire procéder au rachat de ses parts, effectuera sa transaction à 1 264 FCFA, la part avec une plus-value de 40,98% compte tenu du dividende de 150 FCFA réinvesti.

De même, tout investisseur qui veut faire son entrée dans le FCP Excellence, devra désormais débourser 1 264 FCFA pour acheter la part et non plus 1 000 FCFA comme initialement.

Chapitre II
PRODUITS DERIVÉS

I. DÉFINITION ET UTILITÉ DES PRODUITS DÉRIVÉS

1. Définition

Un **produit dérivé** ou **instrument dérivé** est un contrat qui permet à un acheteur et un vendeur de négocier à une date ultérieure un autre instrument coté au comptant appelé « **sous-jacent** ». C'est un produit financier dont la valeur dérive de celle du sous-jacent négocié quotidiennement en bourse. Celui-ci peut être soit un actif financier (action, obligation, devise, taux d'intérêt...); soit une matière première (or, diamant, café, cacao, sucre, blé, pétrole…); soit un indice boursier (Dow Jones, Nikkei, CAC40...).

L'engagement des parties peut être soit ferme; soit conditionnel. Ce qui laisse apparaitre deux grands groupes d'instruments dérivés: les produits dérivés fermes et les produits dérivés optionnels.

EXEMPLE

Une société souhaite acquérir des marchandises à l'étranger. Pour ce faire, il doit acheter dans un mois du yen. Afin de se couvrir contre une éventuelle hausse du cours de la devise, elle achète un produit dérivé qui lui permettra d'acheter du yen au prix convenu un mois auparavant.

2. Utilité des produits dérivés

Les produits dérivés permettent de réaliser les opérations telles que: la **couverture**, l'**arbitrage** et la **spéculation**.

2.1. Couverture

La couverture des risques est une stratégie qui obéit au même principe qu'une assurance. L'investisseur se protège contre les fluctuations défavorables du cours d'un produit financier coté en bourse qu'il détient, en souscrivant un produit dérivé.

2.2. Arbitrage

Une opération d'arbitrage vise à profiter des écarts anormaux de prix ou de taux sur les contrats à terme, et à bénéficier ainsi d'un profit sans risque. Ainsi, lorsqu'il apparait une incohérence sur le marché entre le prix d'un produit dérivé et celui du sous-jacent, l'**arbitragiste** achète (ou vend) au comptant l'instrument financier et procède simultanément à sa vente (son achat) à terme. Par le biais de cette double transaction, l'arbitrage permet de rééquilibrer les marchés.

2.3. Spéculation

La spéculation consiste à prendre position sur un produit dérivé sans posséder le montant des contrats souscrits. Le **spéculateur** procède ainsi en espérant faire du profit par l'**effet de levier**. Si sa stratégie s'avère gagnante, les gains enregistrés seront énormes. Sinon, les pertes accusées seront aussi importantes.

II. PRODUITS DÉRIVÉS FERMES

Un **produit dérivé ferme** ou **contrat à terme ferme** est un engagement ferme de la part des parties contractantes d'acheter ou de vendre une quantité précise d'un produit sous-jacent donné au prix convenu à une date déterminée à l'avance; et ce, quelles que soit les conditions du marché.

A l'échéance donc, l'acheteur du sous-jacent a l'obligation de prendre livraison de la quantité ou de l'équivalent en espèces au prix prédéterminé et le vendeur pour sa part, doit livrer la quantité du produit ou l'équivalent en espèces au prix convenu au moment de la conclusion de la transaction.

Il est à préciser que le prix du produit dérivé n'est payé qu'à l'échéance au moment de la livraison du sous-jacent et non à la signature du contrat.

On distingue trois types de produit dérivé ferme: le contrat à terme, le contrat de gré à gré et le crédit croisé.

1. Contrat à terme

Le **contrat à terme** ou « **future** » est négocié en bourse. Il est standardisé en termes de taille, d'échéance et d'actifs sous-jacents. Son prix déterminé par le jeu de l'offre et de la demande, est fluctuant et peut souvent s'écarter de celui du produit sous-jacent. Son exécution requiert au préalable le paiement à la chambre de compensation d'une prime et d'un dépôt de garantie par les parties contractantes; ceci, en vue de limiter le risque de contrepartie. Le dépôt de garantie ou dépôt de marge fait régulièrement l'objet de réévaluation et de réajustement en fonction de l'évolution du cours du contrat. Lorsque sa valeur devient inférieure au seuil minimum exigé par la chambre de compensation, il est demandé à l'investisseur de procéder sa remise à niveau. Celui-ci dépose alors une marge additionnelle ou un appel de marge par l'intermédiaire de son courtier.

Un investisseur peut ouvrir une position soit en achetant, soit en vendant un contrat à terme. Il a également la possibilité de fermer sa position en vendant ou en rachetant le même contrat avant la date d'échéance.

EXEMPLE

Soit un marché à terme où chaque contrat porte sur 100 actions sous-jacentes. Un investisseur qui anticipe une hausse du cours des actions de la société DVZ, achète un contrat à terme venant à échéance en septembre, sur lesdites actions à 16 5OO FCFA. En adoptant cette position acheteur, il s'engage à acheter à la date d'échéance 100 actions DVZ à 16 500 FCFA l'action, même si à cette date, le cours du titre passe à en dessous du prix convenu. Il aura donc à débourser en septembre 1 650 000 FCFA pour acheter les 100 actions DVZ.

Si avant la date d'échéance, le cours du contrat à terme augmente à 19 000 FCFA, Cet investisseur a la possibilité de liquider sa position acheteur en vendant le contrat à 19 000 FCFA. Il pourra ainsi réaliser un gain en capital s'élevant à 250 000 FCFA; soit $(19\,000 - 16\,500) \times 100$.

2. Contrat de gré à gré

Le **contrat de gré à gré** ou « **forward** » bien qu'ayant les mêmes principes que le contrat à terme, est traité de gré à gré ou hors cote. En tant que tel, il n'est pas standardisé, car conçu sur mesure pour répondre aux besoins particuliers des contractants. Il est utilisé par une catégorie spécifique d'investisseurs comme les banques et les institutions financières. Son exécution ne requiert ni prime, ni dépôt de garantie. Ce qui expose les transactions à un important risque de contrepartie. La liquidation d'une position n'est possible qu'en contractant un « forward » inverse qui annulera le premier à l'échéance. L'acheteur et le vendeur n'ont pas la possibilité de fermer leur position avant la date d'expiration du contrat.

3. Crédit croisé

Un **crédit croisé** ou « **swap** » est un contrat d'échange d'actifs ou de flux financiers entre deux intervenants pendant une période de temps donnée. C'est un instrument financier qui se négocie de gré à gré. Un swap implique l'échange de deux sous-jacents. A l'échéance, les deux parties procèdent mutuellement à la rétrocession des sous-jacents. On distingue deux grandes familles de swap:

- **Le swap sur actifs**: les parties contractantes s'échangent à l'échéance, les actifs financiers au prix de rétrocession préalablement convenu,
- **Le swap sur taux d'intérêt**: les intervenants s'échangent à la fin du contrat, le paiement des intérêts comme convenu à l'avance.

EXEMPLE 1

La société SCC émet un emprunt obligataire de 5 ans en Euros en vue de financer ses investissements. La nature de ceux-ci exige plutôt l'émission d'obligations d'une durée de vie de 10 ans. Puisque pour des raisons qui lui sont propres, la société SCC ne peut pas émettre de telles obligations, elle va contracter un swap avec la société TOP qui a émis des obligations de 10 ans.

A l'échéance du contrat, la société SCC échangera comme convenu à l'avance, ses obligations de 5 ans contre celles de 10 ans que la société TOP a émises.

EXEMPLE 2

Soit une société A ayant contracté, un prêt de 10 000 000 GBP d'une durée de 5 ans à taux variable, Libor + 1,50%, et une société B ayant souscrit un prêt semblable sur la même durée de vie au taux fixe de 7%. La société A qui anticipe une hausse des taux, souhaite transformer son emprunt en un autre à taux fixe. La société B pour sa part, estime que son emprunt à taux fixe est trop onéreux et pense que les taux variables vont baisser. A cet effet, elle souhaite transformer son emprunt en un autre à taux variable.

Afin de faire face à leur situation, les deux sociétés s'engagent à échanger mutuellement leurs dettes à travers un contrat swap. Ainsi à l'échéance, la société A par l'intermédiaire d'une banque, verse le taux fixe de 7% à la société B. En contrepartie, la société B verse à la société A le taux variable, Libor + 1,50%.

III. PRODUITS DÉRIVÉS OPTIONNELS

Un **produit dérivé optionnel** ou **produit dérivé conditionnel** est un contrat qui a la particularité de laisser la réalisation de l'opération au choix des parties. A la différence du produit dérivé ferme, celui-ci est plus souple dans son exécution. Il donne à son détenteur le droit et non l'obligation d'acheter ou de vendre un sous-jacent, à un prix établi à l'avance, pendant une durée de temps prédéfinie, ou à une date précise. On distingue en général deux types de produit dérivé optionnel: les options et les warrants.

1. Options

Une option est un contrat dont l'exécution requiert le versement d'une prime et d'un dépôt de garantie. L'acheteur d'option verse une prime, le prix d'achat de l'instrument au vendeur appelé aussi émetteur à la signature du contrat. Au cas où l'option est traitée en bourse, celui-ci fait un dépôt de garantie auprès de la chambre de compensation. Chaque fois que le niveau de dépôt initial est en baisse par rapport au seuil minimum requis, il est tenu de verser un appel de marge en vue de son réajustement. L'acquisition d'une option octroie à son détenteur le droit d'acheter ou de vendre un actif sous-jacent à un prix prédéterminé désigné prix d'exercice ou « strike » à une échéance convenue qui peut être soit:

- une date d'échéance donnée; c'est le cas de l'**option européenne**,
- à tout moment jusqu'à la date d'échéance. Il s'agit de l'**option américaine**,
- des dates ou des périodes données avant la date d'échéance.

On parle d'**option bermudéenne**. Une illustration de ce type d'option est la stock-option offerte par les sociétés à leurs employés. Sur une certaine période, les cadres de la société ont l'opportunité d'acheter une quantité donnée d'actions de leur employeur à un prix préférentiel déterminé à l'avance. Celui-ci est généralement situé en dessous du cours boursier du titre. Ainsi, ils peuvent revendre en bourse les actions qu'ils ont achetées en réalisant d'importantes plus-values.

Le droit conféré au porteur d'option lui permet soit d'exercer ou de lever ladite option, soit de l'abandonner en fonction de l'évolution du marché. L'émetteur ou le vendeur d'option par contre, a l'obligation d'exercer. En d'autres termes, le porteur d'option prend l'initiative et l'émetteur subit.

Une option est négociable aussi bien en bourse que sur un marché de gré à gré. Il existe deux types d'option : l'option d'achat et l'option de vente.

1.1. Option d'achat

Une **option d'achat** ou « **call** » est un produit dérivé qui donne à son porteur le droit et non l'obligation, de prendre à terme livraison d'un actif sous-jacent au prix d'exercice convenu. Pour ce faire, le porteur de l'option paye à l'émetteur une prime. Quant à celui-ci, il s'engage à livrer le sous-jacent. A travers cette opération, l'acheteur du « call » vise à se prémunir contre une éventuelle hausse du cours ou prix du sous-jacent. A l'échéance, deux cas possibles se présentent:

■ Si le prix du sous-jacent est supérieur au prix d'exercice, l'acheteur du « call » exerce son option et achète ledit sous-jacent au prix préalablement convenu.

■ Si le prix du sous-jacent est inférieur au prix d'exercice, l'acheteur du « call » abandonne son option et acquiert au comptant ledit sous-jacent au cours affiché.

Il s'en suit donc pour:

1.1.1. Le porteur ou l'acheteur du « call »

- Une perte potentielle limitée à la prime qu'il a payée à l'émetteur, si le prix du sous-jacent se situe en dessous du seuil de rentabilité ou point mort qui est égal à la somme du prix d'exercice et de la prime;
- Un gain potentiel illimité si le prix du sous-jacent en hausse, est supérieur au point mort.

Le profil de résultat pour l'acheteur d'un « call » arrivant à échéance est représenté graphiquement ci-dessous:

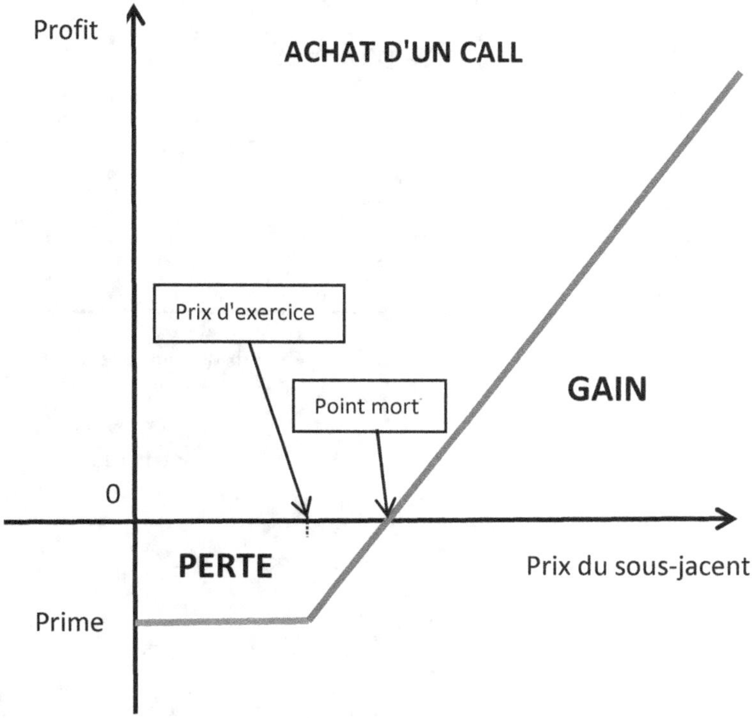

1.1.2. L'émetteur ou le vendeur du « call »

- Une perte potentielle illimitée si le prix du sous-jacent progresse au-delà du point mort;
- Un gain potentiel limité à la prime perçue de l'acheteur du « call », si le prix du sous-jacent se situe en dessous du point mort.

Le profil de résultat pour le vendeur d'un « call » arrivant à échéance est représenté graphiquement ci-après:

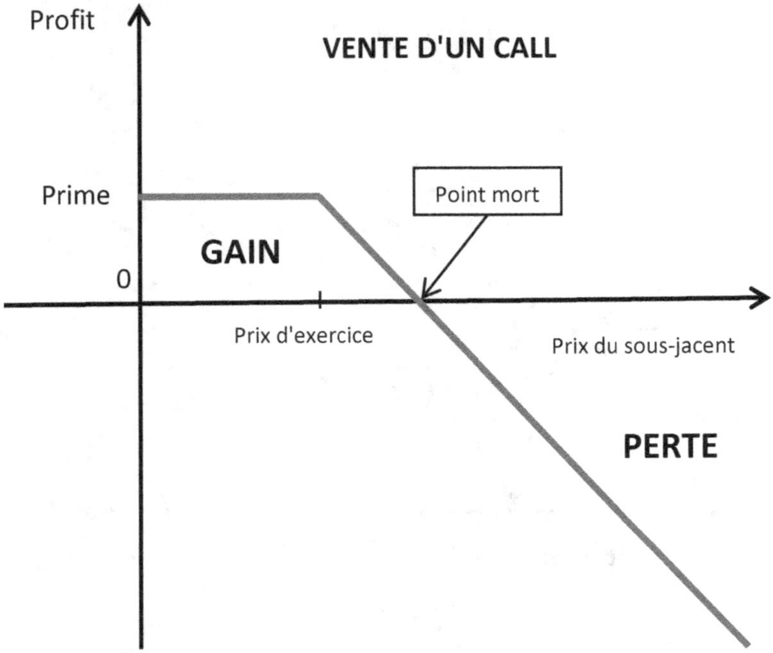

EXERCICE

Le 31 mars, un investisseur achète 10 options d'achat de type européen 3 mois portant sur 100 actions de la société JM, à un prix d'exercice de 7 200 FCFA et à la date du 30 juin pour une prime de 1 150 FCFA chacune. Au moment de la transaction, l'action JM s'échange à 6 500 FCFA. Le 30 juin, le cours de l'action JM affiché en bourse, est de 9 300 FCFA.

1) Que devra faire cet investisseur?
2) Déterminer le profil de résultat aussi bien pour l'acheteur que pour le vendeur des options d'achat.
3) Qu'adviendrait-il si au 30 juin, le cours de l'action JM s'établissait à 5 400 FCFA?

SOLUTION

1) Attitude de l'investisseur

Le cours de l'action JM à 9 300 FCFA étant supérieur à 7 200 FCFA, prix d'exercice, l'investisseur devra exercer ses options d'achat. En d'autres termes, il achètera à 7 200 FCFA l'action JM qui en bourse, se négocie à 9 300 FCFA.

2) Profil de résultat

Acheteur des options d'achat

- Calcul du coût d'achat à terme des actions JM

* Achat des options d'achat (31 mars): $10 \times 100 \times 1\,150 = 1\,150\,000$
* Achat des actions JM (30 juin) : $10 \times 100 \times 7\,200 = 7\,200\,000$

Coût total : $1\,150\,000 + 7\,200\,000 = 8\,350\,000$

L'achat des actions JM le 30 juin coûte au total 8 350 000 FCFA à cet investisseur. En revendant au comptant ses actions, il encaisse:

$$10 \times 100 \times 9\,300 = 9\,300\,000$$

- Calcul du gain net

Son gain net est donc égal au montant de vente au comptant déduction faite du coût total d'achat des actions:

$$9\,300\,000 - 8\,350\,000 = 950\,000$$

Les opérations que l'acheteur des 10 options d'achat a réalisées lui ont rapporté un gain net de **950 000 FCFA**.

Vendeur des options d'achat

Le vendeur des options d'achat est obligé de vendre à 7 200 FCFA ses actions JM qu'il devrait payer sur le marché à 9 300 FCFA. Son profil de résultat se présente comme suit:

* Prime encaissée (31 mars) : $10 \times 100 \times 1\,150 = 1\,150\,000$
* Perte sur le marché (30 juin) : $10 \times 100 \times (7\,200 - 9\,300) = -2\,100\,000$

Perte : $1\,150\,000 - 2\,100\,000 = -950\,000$

Les transactions que le vendeur des options d'achat a effectuées, se sont soldées par une perte de **950 000 FCFA**.

3) Si le cours de l'action JM s'affiche à 5 400 FCFA

- **Acheteur des options d'achat**

L'action JM étant négociée à 5 400 FCFA, un cours inférieur à 7 200 FCFA, le prix d'exercice, l'investisseur abandonnera ses options d'achat. En d'autres termes, il achètera au comptant l'action JM à son cours boursier de 5 400 FCFA. Dans ces conditions, il accusera une perte de 1 150 FCFA qui correspond à la prime versée au vendeur, le 31 mars. Pour les 10 options d'achat qu'il a achetées, le montant total de sa perte s'élèvera donc à **1 150 000 FCFA.**

$$10 \times 100 \times 1\,150 = 1\,150\,000$$

- **Vendeur des options d'achat**

L'acheteur ayant abandonné ses options d'achat, la vente à terme aux conditions prévues dans le contrat n'a plus lieu. Mais, puisque le vendeur a déjà encaissé sa prime, son gain net s'évalue à **1 150 000 FCFA**.

$$10 \times 100 \times 1\,150 = 1\,150\,000$$

1.2. Option de vente

Une **option de vente** ou « **put** » donne à son porteur le droit de vendre un actif sous-jacent au prix d'exercice convenu à une date déterminée. Quant au vendeur de l'option de vente, il a l'obligation d'acheter l'actif sous-jacent au prix d'exercice si le porteur lève son « put ». Afin d'ouvrir sa position, l'acheteur du « put » verse au vendeur une prime correspondant au prix d'achat de l'option. Le « put » permet à son porteur de se prémunir contre une éventuelle baisse du prix du sous-jacent. A l'échéance, deux cas possibles se présentent:

- Si le prix du sous-jacent est inférieur au prix d'exercice, l'acheteur du « put » exerce son option et vend ledit sous-jacent au prix préalablement convenu.
- Si le prix du sous-jacent est supérieur au prix d'exercice, l'acheteur du « put » abandonne son option et vend ledit sous-jacent au cours affiché.

Le résultat de ces opérations se présente comme suit pour chacune des parties:

1.2.1. *Le porteur ou l'acheteur du « put »*

- Une perte potentielle limitée à la prime qu'il a payée à l'émetteur, si le prix du sous-jacent se situe au-dessus du seuil de rentabilité ou point mort qui est égal au prix d'exercice moins la prime;
- Un gain potentiel illimité si le prix du sous-jacent en baisse, est inférieur au point mort.

Le profil de résultat pour l'acheteur d'un « put » arrivant à échéance est représenté graphiquement ci-dessous:

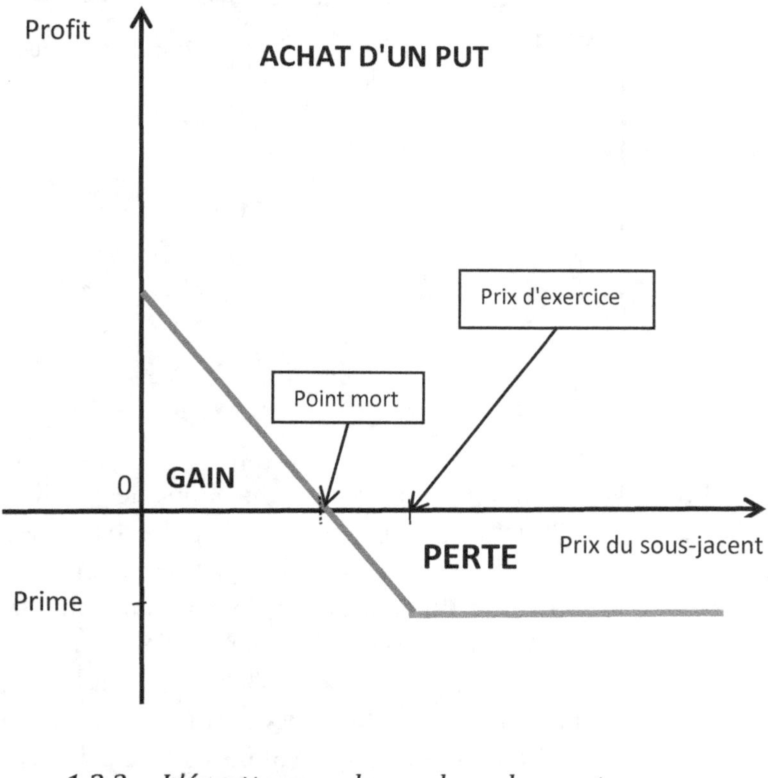

1.2.2. *L'émetteur ou le vendeur du « put »*

- Une perte potentielle illimitée si le prix du sous-jacent baisse et se situe en dessous du point mort;
- Un gain potentiel limité à la prime perçue de la part de l'acheteur du « put », si le prix du sous-jacent progresse au-delà du point mort.

Le profil de résultat pour le vendeur d'un « put » arrivant à échéance est représenté graphiquement ci-après:

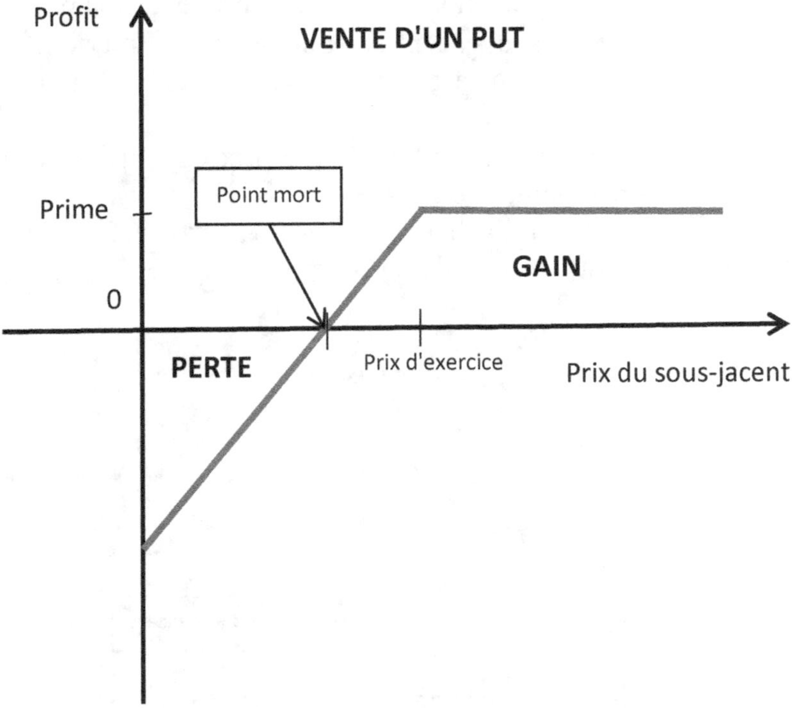

EXERCICE

Un investisseur anticipe une baisse du cours des actions de la société NAT dans 3 mois. En conséquence, il souhaite non seulement se couvrir contre une baisse de cours; mais également, pouvoir profiter d'une hausse du cours de l'action NAT. Pour ce faire, le 30 juin, il achète 10 options de vente de type européen 3 mois portant sur 100 actions NAT, à un prix d'exercice de 7 500 FCFA et à la date du 30 septembre pour une prime de 1 100 FCFA chacune. Au moment de la transaction, l'action NAT s'échange à 6 300 FCFA. Le 30 septembre, l'action NAT affiche un cours de 5 800 FCFA.

1) Que devra faire cet investisseur?
2) Déterminer le profil de résultat aussi bien pour l'acheteur que pour le vendeur des options de vente.
3) Qu'adviendrait-il si au 30 septembre, le cours de l'action NAT s'établissait à 12 150 FCFA?

SOLUTION

1) Attitude de l'investisseur

Le cours de l'action NAT à 5 800 FCFA étant inférieur au prix d'exercice, 7 500 FCFA, l'investisseur devra exercer ses options de vente. En d'autres termes, il vendra l'action NAT à 7 500 FCFA au moment où elle se négocie en bourse à 5 800 FCFA.

2) Profil de résultat

- **Acheteur des options de vente**

  - Calcul du montant de vente des actions NAT (30 septembre)

$$10 \times 100 \times 7\,500 = 7\,500\,000$$

La vente des 1 000 actions NAT a rapporté à l'investisseur 7 500 000 FCFA.

  - Calcul du gain net

En rachetant immédiatement le même volume d'actions NAT sur le marché, il débourse 5 800 000 FCFA:

$$10 \times 100 \times 5\,800 = 5\,800\,000$$

Pour réaliser la transaction, l'investisseur a dû payer le 30 juin, une prime dont le montant total s'élève à 1 100 000 FCFA:

$$10 \times 100 \times 1\,100 = 1\,100\,000$$

Le gain net de l'investisseur est déterminé en déduisant du montant de la vente des 1 000 actions NAT, la valeur totale du rachat de celles-ci et la prime versée.

$$7\,500\,000 - 5\,800\,000 - 1\,100\,000 = 600\,000$$

Les transactions réalisées ont donc permis à l'acheteur des 10 options de vente d'enregistrer un gain net de **600 000 FCFA**.

- **Vendeur des options de vente**

Le vendeur des options de vente est obligé d'acheter les 1 000 actions NAT à 7 500 FCFA; alors qu'il pouvait les acquérir sur le marché à 5 800 FCFA. Son profil de résultat se présente donc comme suit:

* Prime encaissée (30 juin) : $10 \times 100 \times 1\,100 = 1\,100\,000$

* Perte sur le marché (30 septembre) : $10 \times 100 \times (5\,800 - 7\,500) = -1\,700\,000$

Perte : $1\,100\,000 - 1\,700\,000 = -600\,000$

Le vendeur des 10 options de vente a accusé une perte de **600 000 FCFA**.

3) Si le cours de l'action NAT s'affiche à 12 150 FCFA

- **Acheteur des options de vente**

L'action NAT étant négociée à 12 150 FCFA, un cours inférieur au prix d'exercice, 7 500 FCFA, l'investisseur abandonnera ses options de vente. En d'autres termes, il achètera au comptant l'action NAT à son cours boursier de 12 150 FCFA. Dans ces conditions, il accusera une perte de 1 100 FCFA qui correspond à la prime versée au vendeur, le 30 juin. Le montant total de sa perte s'élèvera donc à **1 100 000 FCFA.**

$$10 \times 100 \times 1\,100 = 1\,100\,000$$

- **Vendeur des options de vente**

L'acheteur ayant abandonné ses options de vente, l'achat à terme aux conditions prévues dans le contrat n'a plus lieu. Mais, étant donné que le vendeur a déjà encaissé sa prime, son gain net s'évalue à **1 100 000 FCFA**.

$$10 \times 100 \times 1\,100 = 1\,100\,000$$

2. Warrants

Les **warrants** sont des produits dérivés optionnels dont le mécanisme de fonctionnement est similaire à celui des options. Ce sont des valeurs mobilières généralement émises par des institutions financières telles que les banques ou les entreprises d'investissement, qui offrent à leur porteur le droit et non l'obligation d'acheter (call warrant) ou de vendre (put warrant) moyennant le paiement d'une prime, un actif sous-jacent au prix d'exercice à une échéance préalablement définie. Les warrants sont soit de type européen c'est-à-dire exerçables uniquement à la date d'échéance donnée; soit de type américain c'est-à-dire exerçables à tout moment jusqu'à son échéance. L'organisme financier qui les a émis, les vend ensuite en bourse aux investisseurs. Ceux-ci ne peuvent donc qu'en acheter une quantité minimale appelée quotité ou le multiple et les revendre ultérieurement. Pendant toute la durée de vie de l'instrument financier, l'émetteur joue le rôle de teneur de marché. Ainsi, il s'engage à proposer en permanence aux investisseurs, un cours à l'achat et un cours à la vente. À la différence des options, les warrants ne peuvent pas être vendus à découvert. Tout comme les options, les warrants sont exercés dans deux cas possibles :

- Si le prix de l'actif sous-jacent est supérieur au prix d'exercice s'agissant des « calls warrant » et
- Si le prix de l'actif sous-jacent est inférieur au prix d'exercice concernant les « puts warrant ».

Cinquième partie
DÉNOUEMENT DES TRANSACTIONS

Chapitre I
TITRES PHYSIQUES

Le dénouement des transactions constitue la phase finale du processus des échanges réalisés en bourse.

Au cours de cette opération, on a d'une part les agents de change vendeurs qui livrent les titres vendus et d'autre part, les agents de change acheteurs qui règlent les capitaux correspondant, pour le compte de leurs clients respectifs.

D'une façon générale, les opérations de règlement-livraison exécutées simultanément, s'effectuent sous l'égide d'un organisme spécialisé et autonome. Dans l'Union Économique et Monétaire Ouest Africaine (UEMOA), cette entité est représentée par le Dépositaire Central / Banque de Règlement. Toutefois, à défaut d'un tel organisme, la bourse peut elle-même assurer cette fonction comme il était pratiqué à la Bourse des Valeurs d'Abidjan.

La procédure concernant les titres physiques ou valeurs mobilières ne circulant que sous la forme matérielle, est variable en fonction des places financières et selon qu'il s'agit d'un titre au porteur ou d'un titre nominatif.

I. TITRE AU PORTEUR

L'agent de change acheteur règle à l'agent de change vendeur le montant global de ses achats. Ce montant, rappelons-le, comprend tous les frais attachés à la transaction (Taxe sur Prestation de Service -TPS, Impôts de bourse, Courtage). Les moyens de paiement sont diversifiés. Il s'agit entre autres, du **chèque** et du **virement interbancaire**.

S'agissant de l'agent de change vendeur, il livre simplement le titre concerné à l'acquéreur.

Il est remis à la bourse des valeurs une copie du bordereau de livraison du titre et la preuve matérielle du règlement de la transaction.

On peut schématiser cette opération de la façon suivante:

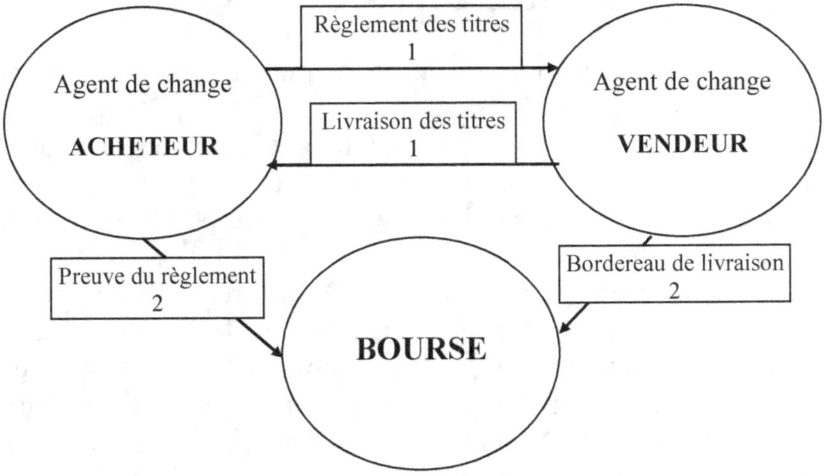

II. TITRE NOMINATIF

Le processus de livraison du titre nominatif est plus complexe que celui d'un titre au porteur et s'effectue en plusieurs étapes.

En effet, on relève que:

L'agent de change acheteur règle l'agent de change vendeur et lui transmet une demande de transfert de propriété au profit du client acheteur.

L'agent de change vendeur, en ce qui le concerne, rassemble les documents suivants:

* la demande de transfert de propriété remise par l'agent de change acheteur;

* la demande de transfert en faveur du client vendeur qui, au terme de la transaction, devient propriétaire d'un solde de titres sur la vente réalisée;

* le certificat d'actions ou d'obligations nominatives du client vendeur.

Tous ces documents sont transmis par bordereau de transfert qui retrace non seulement l'identité complète des nouveaux acquéreurs des titres à créer, mais aussi les nouvelles quantités en vigueur.

L'agent de change qui assure le **service financier** de l'émetteur se charge de créer les nouveaux titres et d'éclater ou de détruire le titre du client vendeur puis envoie à la société concernée les titres créés pour signature. Ces nouveaux certificats de titres doivent porter la signature généralement d'au moins deux administrateurs. L'agent de change, service financier livre à l'agent de change acheteur le titre signé qui lui revient. À l'agent de change vendeur, il est livré un nouveau certificat portant le solde sur vente si effectivement la quantité de titres figurant sur l'ancien certificat n'a pas été entièrement cédée.

La bourse en tant qu'organisme centralisateur concernant la compensation et le règlement des titres, reçoit:

* la preuve du règlement du titre;
* une copie de la demande de transfert;
* une copie du bordereau de livraison effective du titre.

Le schéma suivant résume ce processus:

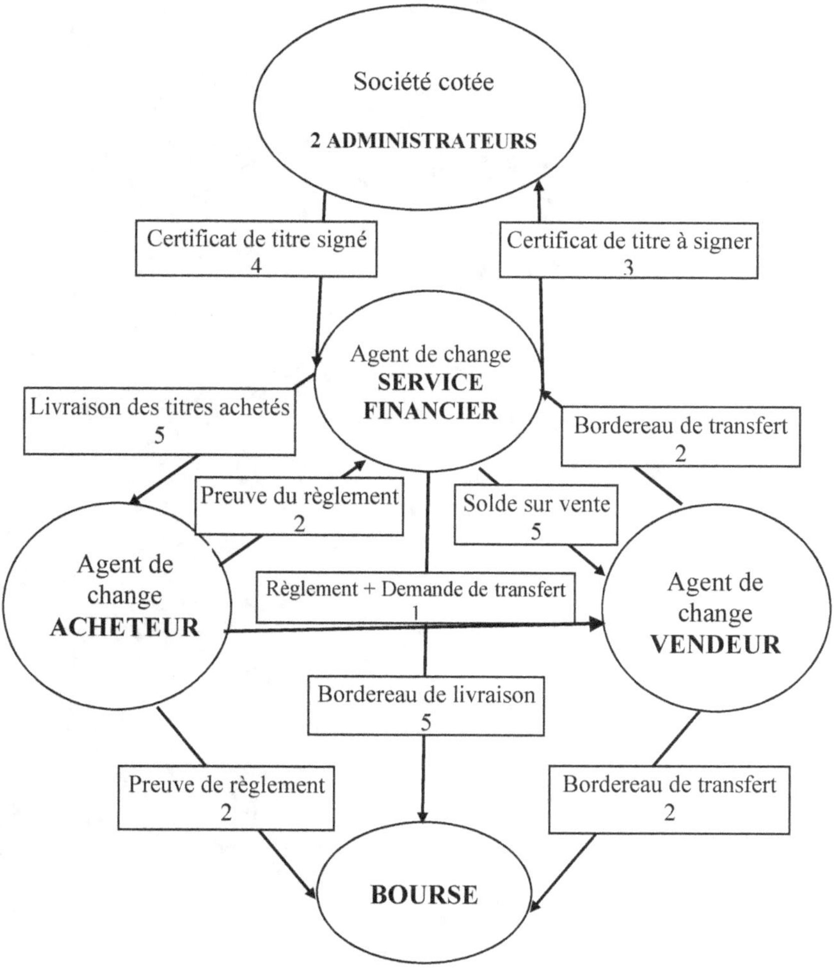

REMARQUE : Le mécanisme de règlement-livraison qui vient d'être décrit, pose des problèmes de célérité étant donné sa complexité. Sur un marché au comptant, il arrive que l'acheteur ne dispose effectivement de son titre qu'environ un mois plus tard et que des transactions restent non dénouées même après cette période. Cette situation est à l'origine de nombreux suspens souvent constatés sur les bourses où la majorité des titres inscrits à la cote sont physiques et nominatifs.

Chapitre II
DÉMATÉRIALISATION

I. GESTION DÉMATÉRIALISÉE

La gestion dématérialisée est une technique améliorée de dénouement des transactions boursières portant sur les titres physiques - nominatifs ou au porteur. À la différence du système décrit précédemment, elle consiste à permettre une circulation scripturale desdits titres. Cependant l'acheteur peut, à tout moment, demander de disposer physiquement de son titre sans que la libre circulation de celui-ci ne soit entravée.

Cette technique qui favorise un dénouement plus rapide des transactions, est souvent appliquée aux titres cotés sur plusieurs bourses à la fois et dont la circulation est admise sous diverses formes.

II. TITRE DÉMATÉRIALISÉ

Qu'il soit au porteur ou nominatif, un titre dématérialisé est celui qui n'existe que sous forme d'inscription électronique et dont la circulation se fait par simples jeux d'écriture. Les flux d'information entre les différents opérateurs impliqués dans la transaction se décrivent ainsi pour une bourse assurant elle-même les opérations de règlement-livraison :

* L'agent de change acheteur règle ses achats au vendeur par chèque ou par virement interbancaire et en adresse une copie à la bourse.

* L'agent de change vendeur envoie une attestation de la livraison de titres à l'agent de change acheteur et en donne une copie à la bourse et au service financier de l'émetteur.

* L'agent de change assurant le service financier de la société, à partir des documents qu'il a reçus, met à jour le registre des détenteurs de titres et passe les écritures nécessaires matérialisant les mouvements du titre sur le compte de l'agent de change acheteur et vendeur.

Grâce à ces informations, la bourse assure le suivi de la bonne fin des règlements et livraisons des valeurs traitées sur le marché.

Le schéma ci-après en livre la teneur.

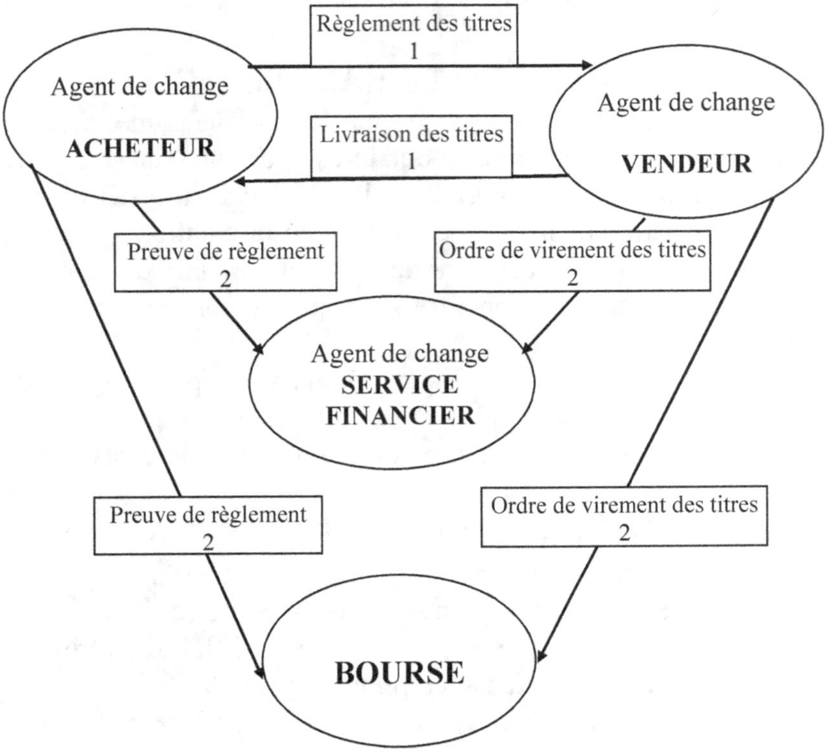

NB: La tendance aujourd'hui sur la plupart des bourses est à la dématérialisation des titres inscrits à la cote ainsi qu'à l'automatisation du traitement des opérations de règlement-livraison. Les transactions opérées, sur les bourses où cette pratique est en vigueur, sont dénouées dans un délai de trois jours en général pour les valeurs négociées au comptant.

REPERTOIRE DES BOURSES DES VALEURS

Bourses des valeurs d'Afrique

Dénomination	Localisation du siège	Année de création	Site internet
Egyptian Exchange (EGX)	Caire (EGYPTE)	1883	www.egx.com.eg
Johannesburg Stock Exchange (JSE)	Johannesburg (AFRIQUE DU SUD)	1887	www.jse.co.za
Bourse de Casablanca	Casablanca (MAROC)	1929	www.casablanca-bourse.com
Nairobi Securities Exchange (NSE)	Nairobi (KENYA)	1954	www.nse.co.ke
Nigerian Stock Exchange (NSE)	Lagos (NIGERIA)	1960	www.nse.com.ng
Bourse de Tunis (BVMT)	Tunis (TUNISIE)	1969	www.bvmt.com.tn
Zimbabwe Stock Exchange (ZSE)	Harare (ZIMBABWE)	1974	www.zse.co.zw
Stock Exchange of Mauritius (SEM)	Port Louis (ILE MAURICE)	1988	www.stockexchangeofmauritius.com
Botswana Stock Exchange (BSE)	Gaborone (BOSTWANA)	1989	www.bse.co.bw
Ghana Stock Exchange (GSE)	Accra (GHANA)	1990	www.gse.com.gh
Namibian Stock Exchange (NSX)	Windhoek (NAMIBIE)	1992	www.nsx.com.na
Khartoum Stock Exchange (KSE)	Khartoum (SOUDAN)	1992	www.kse.com.sd
Lusaka Stock Exchange (LuSE)	Lusaka (ZAMBIE)	1993	www.luse.co.zm
Malawi Stock Exchange (MSE)	Blantyre (MALAWI)	1994	www.mse.co.mw
Bourse Régionale des Valeurs Mobilières (BRVM)	Abidjan (CÔTE D'IVOIRE)	1996	www.brvm.org
Dar es Salaam Stock Exchange (DES)	Dar es Salaam (TANZANIE)	1996	www.dse.co.tz

A suivre

- Bourses des valeurs d'Afrique (suite)

Dénomination	Localisation du siège	Année de création	Site internet
Dar es Salaam Stock Exchange (DES)	Dar es Salaam (TANZANIE)	1996	www.dse.co.tz
Uganda Securities Exchange (USE)	Kampala (OUGANDA)	1997	www.use.or.ug
Bourse d'Alger (SGBV)	Alger (ALGERIE)	1997	www.sgbv.dz
Bolsa de Valores de Cabo Verde (BVC)	Praia (CAP-VERT)	1998	www.bvc.cv
Bourse des Valeurs du Mozambique (BVM)	Maputo (MOZAMBIQUE)	1999	www.bolsadevalores.co.mz
Douala Stock Exchange (DSX)	Douala (CAMEROUN)	2001	www.douala-stock-exchange.com
Bourse des Valeurs Mobilières de l'Afrique Centrale (BVMAC)	Libreville (GABON)	2003	www.bvm-ac.com
Libyan Stock Market	Benghazi et Tripoli (LIBYE)	2006	www.lsm.gov.ly
Sierra Leone Stock Exchange (SLSE)	Freetown (SIERRA LEONE)	2008	-
Rwanda Stock Exchange (RSE)	Kigali (RWANDA)	2011	www.rse.rw

REMARQUE: La plus ancienne bourse des valeurs d'Afrique est la « Egyptian Exchange » (EGX). Elle est créée en 1883 et a pour siège le Caire en Egypte.

La « Johannesburg Stock Exchange » (JSE) est la plus grande bourse du continent Africain. Elle est classée parmi les 20 premières bourses du monde en termes de capitalisation boursière. La JSE est basée à Johannesburg en Afrique du Sud.

- <u>Principales bourses hors-Afrique</u>

Dénomination	Localisation du siège	Année de création	Site internet
New York Stock Exchange (NYSE)	New York (ETATS UNIS D'AMERIQUE)	1792	www.nyse.com
NASDAQ OMX	New York (ETATS UNIS D'AMERIQUE)	1971	www.nasdaqomx.com
Tokyo Stock Exchange (JPX)	Tokyo (JAPON)	1949	www.tse.or.jp
London Stock Exchange (LSE)	Londres (GRANDE-BRETAGNE)	1801	www.londonstockexchange.com
Shanghai Stock Exchange (SSE)	Shanghai (CHINE)	1990	english.sse.com.cn
Hong Kong Stock Exchange (HKEx)	Hong Kong (CHINE)	1891	www.hkex.com.hk
Bourse de Toronto (TMX)	Toronto (CANADA)	1852	www.tmx.com
BM&F Bovespa	São Paulo (BRESIL)	1890	www.bmfbovespa.com.br
Australian Securities Exchange (ASX)	Sydney (AUSTRALIE)	1871	www.asx.com.au
Deutsche Börse	Francfort (ALLEMAGNE)	1993	www.deutsche-boerse.com

<u>REMARQUE</u>: Le plus grand marché boursier du monde en capitalisation boursière est la New York Stock Exchange (NYSE). À la fin de l'année 2013 par exemple, elle est arrivée en tête des bourses avec une capitalisation boursière de 17 950 milliards de dollars US devant la NASDAQ OMX classée deuxième avec 6 085 milliards de dollars US.

La NYSE est également la bourse la plus liquide du monde. À titre d'illustration en 2013, elle est propulsée au premier rang en enregistrant une valeur totale des transactions élevée à 13 700 milliards de dollars US. La NASDAQ OMX vient en deuxième position avec 9 585 milliards de dollars US de transactions réalisées.

Créée en 1792, elle a pour siège New York aux Etats Unis d'Amérique. En 2007, le Groupe NYSE fusionne avec le Groupe Euronext pour former le NYSE Euronext (NYX). Depuis le 12 novembre 2013, celui-ci est passé sous le contrôle d'Intercontinental Exchange Group Inc.

LEXIQUE

Adjudication: technique de placement d'une émission d'obligations selon laquelle les soumissionnaires proposent soit un prix d'émission; soit un taux d'intérêt.

Amortissement d'emprunt: remboursement d'emprunt.

Arbitrage: opération boursière consistant à tirer profit des écarts de cours par l'achat ou la vente d'un titre sur un marché donné en réalisant simultanément l'opération inverse sur un autre marché.

Coupon couru: intérêts d'obligations qui couvrent la période de temps vécue par l'emprunt.

Courbe des taux: courbe qui décrit la relation entre le rendement d'un instrument de dette et sa maturité

Courtage: commission perçue par l'agent de change au titre de l'exécution des opérations de bourse.

Dénouement: règlements et livraisons des titres ayant fait l'objet de transaction.

Droit d'attribution: privilège négociable attaché à chaque action ancienne, qui donne droit gratuitement à de nouvelles actions lors d'une augmentation de capital.

Droit de souscription: privilège négociable attaché à chaque action ancienne, qui permet à son détenteur de souscrire des actions nouvelles dans une proportion donnée, à l'occasion d'une émission en numéraire.

Effet de levier: gain potentiel accru d'une opération par rapport à l'investissement initial.

Encours de dette: partie de la dette devant faire l'objet de remboursement ultérieurement.

Estampillage: opération qui consiste à noter sur le certificat d'un titre les évènements marquant la vie dudit titre. Ces évènements peuvent être du genre modification de valeur nominale ou paiement de dividende.

Impôt de bourse: prélèvement effectué sur les achats et sur les ventes de titres au profit de la bourse.

Jouissance: avantage que le propriétaire d'une valeur mobilière tire de la détention de celle-ci.

Maturité: durée de vie résiduelle d'un emprunt

Prime d'émission: écart positif entre le prix d'émission et la valeur nominale d'un titre au cours d'une augmentation de capital ou d'une émission obligataire.

Prix d'émission: prix auquel l'émetteur met sur le marché ses titres.

Quotité: parité appliquée entre les actions anciennes et les actions nouvelles dans le cadre d'une augmentation de capital.

Valeur mobilière: titre négociable en bourse qui atteste que le détenteur est titulaire d'un droit représentant une certaine valeur.

Valeur nominale: valeur attribuée à une obligation ou à une action conformément aux statuts de l'émetteur.

INDEX DES MOTS CLÉS

G

H

I

J

K

M

O

BIBLIOGRAPHIE

OUVRAGES

MICHEL PIERMAY, MATHEMATIQUES FINANCIERES

OLIVIER HEREIL, Alain LAZIMI (Economica)

E. TCHEMENI, L'Évaluation des Entreprises (Economica)

A. BOUDINOT et J. C. FRABOT, Technique et pratique bancaires (Sirey)

G.DEFOSSE et Y. FLORNOY, La bourse des valeurs (PUF, Que Sais-je ?)

JEAN CLAUDE LECONTE, A quoi sert la bourse ? (Coll. Points)

Compagnie des Agents de Change, Pourquoi la bourse? Publication du Centre d'Information et de documentation)

ALAIN CHOINEL et Gérard ROUYER, LE MARCHE financier : Structures et Acteurs (Coll. ITB)

GEORGES DEPALLENS; Gestion financière de l'entreprise

MONDHER BELLALAH, GESTION DES RISQUES DE TAUX D'INTERET ET DE CHANGE Théories et exercices corrigés (de boeck)

JAMES C. VAN HORNE; Gestion et politique financière Tome 1&2 (Dunod, Paris)

ANDRE HUBERT-BRIERRE, Entreprises, Épargnants : la BOURSE à l'heure des réformes (SEDIFOR)

CHRISTIAN LABROUSSE, STATISTIQUE exercices corrigés avec rappels de cours Tome 1&2 (Dunod, Paris)

GASTON DEFOSSE, La gestion financière des entreprises, Tome 2 - Technique des opérations financières

JEAN MARCHAL et HUGUETTE DURAND, Monnaie et crédit (CUJAS)

G. CALOT, Cours de statistique descriptive (Dunod, Paris)

NICOLAS MIGUET, BOURSE : Comment choisir les valeurs qui gagnent? (Paris)

FELIX ROSENFELD, Analyse financière et gestion des portefeuilles (Dunod)

ALAIN RUTTIENS, Futures, Swaps, Options Les produits financiers dérivés (Edipro/CCI Liège, 1 août 2003)

DOV OGIEN, Pratique des marchés financiers 3e édition (Dunod, 2010)

JACQUILLAT B. ET SOLNIK B., Marchés Financiers : gestion de portefeuille et des risques, Dunod, 1989

CHARLES DE LA BAUME, GESTION DE PORTEFEUILLE Fondements , Théoriques et aspects pratiques (SEFI)

ALAIN CHOINEL, Introduction à L'INGENIERIE FINANCIÈRE Troisième édition (BANQUE éditeur)

YVES JEGOUREL Les produits financiers dérivés (LA DECOUVERTE, 2010)

PASCAL ALPHONSE GERARD DESMULIERS, PASCAL GRANDIN MICHEL LEVASSEUR, Gestion de portefeuille et marchés financiers 2e édition (Pearson)

GUY MERCIER et FAWZI RASSI, MARCHE OBLIGATAIRE ET TAUX D'INTERET, Principes et applications de gestion de portefeuilles (Les Presses de l'Université LAVAL Québec, 1987)

REVUES et COURS

Revues

- Le nouvel Économiste (1992)
- Option finance (1990)
- Capital (1996)
- Jeune Afrique Économique (1997)
- Analyse Financière (Société Française des Analystes Financiers)
- Évaluation du patrimoine (mai 1982)

Cours

- PIERRE WEBSTER, L'essentiel des Maths Financières
- CLAUDE DUFLOUX, Marchés Financiers Internationaux (INTEC et CNED - Institut de Lyon)
- New York Institute of Finance Securities analysis
- JEAN-Paul FELIX, Mathématiques Financières Université Picardie Jules Verne – Amiens
- JEZABEL COUPPEY-SOUBEYRAN et EMMANUEL CARRE, Économie Monétaire et Financière Université Paris 1 Panthéon-Sorbonne

Textes réglementaires

Bourse de Paris, Règlement Général

Bourse de Tunis, Règlement Général

Bourse Régionale des Valeurs Mobilières Règlement Général

Bourse des Valeurs d'Abidjan, Règlement Général
Ghana Stock Exchange, Listing Rules
Nairobi Securities Exchange Limited, Listing Manual
Bourse de Casablanca, Règlement Général

SITES INTERNET

www.world-exchanges.org
www.african-exchanges.org
www.nyse.com
www.nasdaqomx.com
www.londonstockexchange.com
www.tmx.com
www.tse.or.jp
www.egx.com.eg
www.jse.co.za

TABLE DES MATIÈRES

Côte d'Ivoire
aux éditions L'Harmattan

Dernières parutions

LE FORFAIT SANITAIRE AU SECOURS DE LA COUVERTURE MALADIE UNIVERSELLE EN CÔTE D'IVOIRE
Robé Donatien
Avec la contribution de Serge Blafond - Préface de René Hokou Légré
Ce livre traite de l'accès des Ivoiriens aux soins de santé. Il fait un inventaire de toutes les politiques de santé initiées en Côte d'Ivoire depuis l'indépendance en 1960 à ce jour, notamment le projet de couverture maladie universelle (CMU) en voie de mise en œuvre depuis l'accession au pouvoir d'Alassane Ouattara. L'auteur, critique vis-à-vis de ce projet, met en exergue ses failles techniques dans le mode de financement, la gestion du risque maladie et la maîtrise des dépenses, non sans pointer du doigt ses insuffisances sur le plan de l'équité, de l'égalité face à la maladie et de la solidarité nationale.
(Coll. Points de vue, 12.50 euros, 116 p.)
ISBN : 978-2-343-09723-7, ISBN EBOOK : 978-2-14-001515-1

LA CÔTE D'IVOIRE ET SES ÉTRANGERS
Viti Fabio
Cet ouvrage travaille sur la question de la présence et du rôle des étrangers en Côte d'Ivoire. Le discours public autour de cette question y est analysé, ce qui permet de dégager une typologie de l'État et de la société ivoirienne. Véritable «société de sociétés», où différents rapports aux figures plurielles d'étrangers coexistent, la Côte d'Ivoire nous est présentée sous un jour différent. Un ouvrage collectif qui affine et complexifie le regard.
(Coll. Études africaines, 28.00 euros, 278 p., Illustré en noir et blanc)
ISBN : 978-2-343-08366-7, ISBN EBOOK : 978-2-14-001437-6

LES MIGRANTS ENVIRONNEMENTAUX EN CÔTE D'IVOIRE
Quels droits, quelles protections ?
Gallon Kémonthé Marius-Jonas
Après un examen des instruments et mécanismes internationaux et régionaux, des politiques gouvernementales et des données factuelles recueillies sur le terrain, l'auteur propose une esquisse de solutions efficaces et durables pour une meilleure garantie des droits des migrants environnementaux.
(Coll. Afrique : politiques publiques, sécurité, défense, 18.50 euros, 178 p.)
ISBN : 978-2-343-09149-5, ISBN EBOOK : 978-2-14-001409-3

LA MODERNISATION DE L'ADMINISTRATION PUBLIQUE EN CÔTE D'IVOIRE
Politiques de réforme de la fonction publique (1957-2015)
Yao Wozanhou Benjamin - Préface de Dominique Bangoura
Cet ouvrage est une contribution au débat sur la modernisation de l'État en Afrique. L'auteur se demande si les réformes administratives menées en Côte d'Ivoire depuis près de six décennies y

ont contribué. Ce livre consiste à identifier les principes et les conditions de toute administration moderne et à relever les limites des réformes entreprises en Côte d'Ivoire.
(Coll. Afrique : politiques publiques, sécurité, défense, 18.00 euros, 174 p.)
ISBN : 978-2-343-09148-8, ISBN EBOOK : 978-2-14-001400-0

L'ALCOOL EN CÔTE D'IVOIRE
Histoire, usage et signification
Brou Konan Denis - Préface du Professeur Opadou Koudou
Avec l'indépendance de la Côte d'Ivoire en 1960, l'alcoolo-dépendance qui a pris naissance en 1946 semble gagner toutes les strates sociales. L'on assiste résolument à un alcoolisme de type moderne, occidental, dont les avatars se font de plus en plus sentir sur les rapports sociaux. Pour en atténuer l'acuité, l'auteur pense que l'on doit désormais considérer l'alcoolo-dépendance comme un problème de santé publique ; introduire l'enseignement de l'alcoologie à l'école ; instituer de façon formelle l'injonction thérapeutique ; veiller à la répartition équitable des richesses du pays.
(Harmattan Côte-d'Ivoire, 21.50 euros, 212 p.)
ISBN : 978-2-343-09700-8, ISBN EBOOK : 978-2-14-001583-0

LES PRIX DE TRANSFERT DANS L'INDUSTRIE DES MATIÈRES PREMIÈRES STRATÉGIQUES EN CÔTE D'IVOIRE
Aspects juridiques, fiscaux et économiques
Kouame Noel-Faustin - Postface de Abdourahmane Cissé
A partir de l'exemple du café et du cacao, secteur dans lequel la Côte d'Ivoire est leader mondial en termes d'exportations, ce livre vise à démontrer que l'arsenal fiscal ivoirien qui a fait florès hier semble devenu aujourd'hui obsolète, dépassé et incapable de répondre aux défis d'une économie désormais globalisée. L'analyse purement juridique des problématiques d'évaluation des échanges intragroupes devrait nécessairement céder le pas à une analyse économique du droit, moins dogmatique et plus pragmatique.
(39.00 euros, 422 p.)
ISBN : 978-2-343-07482-5, ISBN EBOOK : 978-2-14-001386-7

ANALYSES EN GRAMMAIRE FRANÇAISE
Pour une approche rénovée dans l'enseignement en Afrique
Adopo Achi Aimé - Préface de François Adopo Assi
L'auteur rappelle quelques méthodes et principes d'analyse en grammaire pour expliquer certaines vérités grammaticales et montre ainsi comment s'approprier ces méthodes et ces principes d'analyse pour identifier correctement les mots, groupes de mots et propositions, ainsi que leurs fonctions dans la phrase. Il remet par ailleurs en question certaines analyses grammaticales traditionnelles devenues des «vérités éternelles» et fait des propositions novatrices.
(Harmattan Côte-d'Ivoire, 22.50 euros, 218 p.)
ISBN : 978-2-343-07813-7, ISBN EBOOK : 978-2-14-001517-5

POLITIQUE OU GUERRE DES ESPRITS EN CÔTE D'IVOIRE
Gueu Denis
La dynamique politique et démocratique en Afrique noire, et en Côte d'Ivoire en particulier, se manifeste dans la passion, avec pour décor la violence, le fétichisme, la sorcellerie. Il s'agit d'un combat non démocratique caractérisé par la négation de l'adversaire par tous les moyens occultes. Cet ouvrage interpelle la conscience collective ivoirienne, en vue d'adhérer à une démocratie constructive avec des projets crédibles sans hypocrisie, en vue d'une cohésion sociale durable.
(Coll. Harmattan Côte-d'Ivoire, 11.00 euros, 72 p.)
ISBN : 978-2-343-07173-2, ISBN EBOOK : 978-2-336-39409-1

SI LA CÔTE D'IVOIRE RENONÇAIT AU MODÈLE DÉMOCRATIQUE FRANÇAIS
Zra-Bi Claude
Un refrain parcourt cette œuvre : renonçons en Côte d'Ivoire à la démocratie républicaine française. Que chaque groupe ethnique (ou région) choisisse son représentant. Et tous les représentants choisissent parmi eux un président pour un mandat de 5 ou 7 ans, non renouvelable

mais tournant. Et les représentants de chaque région siégeront comme des vice-présidents, attendant, chacun, son tour de gouverner. Cette politique préserve l'identité des ethnies évitant ainsi l'immixtion de prédateurs politiques ou économiques dans le débat politique interne. Utilisons ce modèle et non la République qui met au rebut le camp adverse.
(Coll. Harmattan Côte-d'Ivoire, 12.50 euros, 98 p.)
ISBN : 978-2-343-07793-2, ISBN EBOOK : 978-2-336-39706-1

CÔTE D'IVOIRE, ALASSANE OUATTARA ET LES DROITS DE L'HOMME
Diaby Moustapha Ben Ismaïla - Préface de Diaby Moussa Abdoul Kader
Les droits de l'Homme en Côte d'Ivoire et l'action d'Alassane Ouattara dans ce domaine constituent une question cruciale. Quelle orientation voudrait-on donner aux droits de l'Homme en Côte d'Ivoire aujourd'hui ? La construction d'un État démocratique devra être fondée sur la promotion des droits de l'Homme, cela à travers la recherche des objectifs de développement, qui ne vont pas sans le respect des droits fondamentaux de l'homme. Ce livre essaie d'analyser les avancées constatées dans la construction d'un espace démocratique et d'exercice des droits de l'Homme en Côte d'Ivoire.
(Coll. Harmattan Côte-d'Ivoire, 18.00 euros, 170 p.)
ISBN : 978-2-343-07044-5, ISBN EBOOK : 978-2-336-39443-5

IDÉOLOGIE, CONSCIENCE ET COMBAT POLITIQUE EN AFRIQUE
Koné Katinan Justin - Préface de Lazare Koffi Koffi
Faisant suite à son premier ouvrage *Côte d'Ivoire, L'audace de la rupture*, Justin Koné Katinan montre qu'il est un citoyen libre et qu'il a pleine conscience de l'histoire. Il s'inscrit à la suite des devanciers de la lutte, particulièrement du président Gbagbo, victime du néocolonialisme. Il appelle à un sursaut nationaliste et panafricaniste.
(Coll. Afrique liberté, 26.00 euros, 262 p.)
ISBN : 978-2-343-07691-1, ISBN EBOOK : 978-2-336-39507-4

CÔTE D'IVOIRE
Du chaos à la renaissance – Derniers assauts contre la souveraineté
Kouame Bibli Robert-Jonas - Préface de Lazare Koffi Koffi
En Côte d'Ivoire, s'oppose depuis des années les nostalgiques de la soumission à l'Occident et à la France et les défenseurs de la refondation du pouvoir et du combat pour les libertés. Entre les deux positions, le fossé reste abyssal. Mais, malgré les fractures, bouleversements et atteintes au respect de l'humanité, l'auteur reste optimiste quant à la restauration d'une République de Côte d' Ivoire, démocratique et jalouse de sa souveraineté.
(Coll. Afrique liberté, 25.00 euros, 248 p.)
ISBN : 978-2-343-07692-8, ISBN EBOOK : 978-2-336-39506-7

RÉFLEXIONS SUR LA CÔTE D'IVOIRE
Yahot Christophe - Préface de Gisèle Dutheuil
Réfléchir sur la Côte d'Ivoire d'aujourd'hui nous permet de présenter un certain nombre de réalités et de pratiques qui interpellent à la fois les politiques, les décideurs et la société civile. Les sujets abordés, d'ordre politique, social, culturel, économique, spirituel sont une invitation adressée à tous les citoyens, acteurs directs ou indirects de la construction d'une société moderne articulée autour de certains principes et valeurs, notamment républicains.
(Coll. Harmattan Côte-d'Ivoire, 26.00 euros, 258 p.)
ISBN : 978-2-343-07897-7, ISBN EBOOK : 978-2-336-39692-7

ONE REPUBLIC, TWO PRESIDENTS
My cry of heart for Côté d'Ivoire
Dandi Lou Amanan Hélène – Préface Georges Alula
This book features the testimony of a humanitarian worker who witnessed the aftermaths of war : Dandi Lou saw danger coming and tried to thwart it from exploding in Côté d'Ivoire, preaching peace to all the politicial leaders of her country and those who claimed to be heirs of late President Houphouet-Boigny. Yet, it did not save the country from burning since these

leaders found nothing better than make fun of her. Called «the cry baby», she decided to write this book to yearn for peace and a renewed and united country, land of opportunities and welfare for all the Ivorian people.
(Coll. Harmattan Côte-d'Ivoire, 30.00 euros, 294 p.)
ISBN : 978-2-343-07732-1, ISBN EBOOK : 978-2-336-39618-7

LA CÔTE D'IVOIRE DE NOTRE RÊVE
Comment peut-elle éclore ?
N'Guettia Kouassi René
Cet ouvrage aide à mieux appréhender l'essentiel des vertus cultivées et enseignées par Félix Houphouët-Boigny, qui a fait de la recherche permanente de la paix et de l'unité nationale, la clé de voûte de sa politique de développement. Ce livre offre donc aux Ivoiriens, et particulièrement à la classe politique, une boîte à outils dans laquelle elle peut puiser des ressources pour consolider le pacte républicain ou le contrat pour le «vivre ensemble», et servir d'aiguillon à la pratique de la bonne gouvernance politique et économique.
(Coll. Études africaines, 17.50 euros, 160 p.)
ISBN : 978-2-343-06634-9, ISBN EBOOK : 978-2-336-39300-1

POURQUOI FAUT-IL LIBÉRER LAURENT GBAGBO ?
Pour une vraie réconciliation en Côte d'Ivoire
Kouamé Séraphin Sky
Pour l'auteur, le maintien de Laurent Gbagbo en prison à la Haye ne peut servir à rien d'autre qu'à raviver les tensions et à retarder la réconciliation entre les Ivoiriens. Que l'on soit du côté du pouvoir, de celui de l'opposition ou de la société civile, cette situation interpelle tout le monde. C'est pourquoi l'auteur invite tous les Ivoiriens, tous les partis politiques et surtout les présidents Bédié et Ouattara à s'impliquer activement dans cette cause. Dans l'intérêt supérieur de la Côte d'Ivoire.
(Harmattan Côte-d'Ivoire, 8.00 euros, 48 p.)
ISBN : 978-2-343-07424-5, ISBN EBOOK : 978-2-336-39307-0

LE CHEF DE L'ÉTAT QUI A PERDU LE NORD DE LA CÔTE D'IVOIRE
Cla Charles
Ce livre est le récit des faits marquants parfois pathétiques qui ont jalonné la vie publique en Côte d'Ivoire durant plus d'une décennie; et il répond à la question : «Qu'est-ce qui a pu réellement se passer pendant cette dernière décennie en Côte d'Ivoire, dans ce pays autrefois paisible, pour conduire à la guerre et son chef d'État devant la Cour pénale internationale ?
(Harmattan Côte-d'Ivoire, 16.50 euros, 148 p.)
ISBN : 978-2-343-07196-1, ISBN EBOOK : 978-2-336-39332-2

LE MORONOU, TERRE MÉCONNUE DE CÔTE D'IVOIRE
Géographie, Agriculture et Sociétés
Ekanza Simon-Pierre
Le Moronou est un grand méconnu sur le territoire ivoirien. L'ouvrage est consacré à l'aspect physique, à la société et à l'économie du Moronou ancien, cette période de son histoire antérieure à l'intrusion européenne. Outre la nature et la qualité exceptionnelles du sol, le climat subtropical et la végétation qui y prévalent, les facteurs humains tiennent, dans l'ouvrage, une large place. En dégageant les grandes orientations et les tendances économiques du Moronou, l'ouvrage souligne les habitudes et les structures permanentes de cette région.
(Coll. Études africaines, 20.50 euros, 192 p.)
ISBN : 978-2-343-05105-5, ISBN EBOOK : 978-2-336-39353-7

L'HARMATTAN ITALIA
Via Degli Artisti 15; 10124 Torino
harmattan.italia@gmail.com

L'HARMATTAN HONGRIE
Könyvesbolt ; Kossuth L. u. 14-16
1053 Budapest

L'HARMATTAN KINSHASA
185, avenue Nyangwe
Commune de Lingwala
Kinshasa, R.D. Congo
(00243) 998697603 ou (00243) 999229662

L'HARMATTAN CONGO
67, av. E. P. Lumumba
Bât. – Congo Pharmacie (Bib. Nat.)
BP2874 Brazzaville
harmattan.congo@yahoo.fr

L'HARMATTAN GUINÉE
Almamya Rue KA 028, en face
du restaurant Le Cèdre
OKB agency BP 3470 Conakry
(00224) 657 20 85 08 / 664 28 91 96
harmattanguinee@yahoo.fr

L'HARMATTAN MALI
Rue 73, Porte 536, Niamakoro,
Cité Unicef, Bamako
Tél. 00 (223) 20205724 / +(223) 76378082
poudiougopaul@yahoo.fr
pp.harmattan@gmail.com

L'HARMATTAN CAMEROUN
TSINGA/FECAFOOT
BP 11486 Yaoundé
699198028/675441949
harmattancam@yahoo.com

L'HARMATTAN CÔTE D'IVOIRE
Résidence Karl / cité des arts
Abidjan-Cocody 03 BP 1588 Abidjan 03
(00225) 05 77 87 31
etien_nda@yahoo.fr

L'HARMATTAN BURKINA
Penou Achille Some
Ouagadougou
(+226) 70 26 88 27

L'HARMATTAN SÉNÉGAL
10 VDN en face Mermoz, après le pont de Fann
BP 45034 Dakar Fann
33 825 98 58 / 33 860 9858
senharmattan@gmail.com / senlibraire@gmail.com
www.harmattansenegal.com

Achevé d'imprimer par Corlet Numérique - 14110 Condé-sur-Noireau
N° d'Imprimeur : 136536 - Dépôt légal : mars 2017 - *Imprimé en France*

www.ingramcontent.com/pod-product-compliance
Lightning Source LLC
LaVergne TN
LVHW011031061026
849535LV00006B/2058
* 9 7 8 2 3 4 3 1 1 4 9 2 7 *